Theodor von Grienberger

Die Ortsnamen des Indiculus Arnonis und der Breves Notitiae Salzburgenses

In ihrer Ableitung und Bedeutung dargestellt

Theodor von Grienberger

Die Ortsnamen des Indiculus Arnonis und der Breves Notitiae Salzburgenses
In ihrer Ableitung und Bedeutung dargestellt

ISBN/EAN: 9783744613477

Hergestellt in Europa, USA, Kanada, Australien, Japan

Cover: Foto ©ninafisch / pixelio.de

Weitere Bücher finden Sie auf **www.hansebooks.com**

Die

Ortsnamen

des

Indiculus Arnonis und der Breves Notitiae
Salzburgenses

in ihrer Ableitung und Bedeutung dargestellt von

Theodor von Grienberger.

Salzburg.

Heinrich Dieter, k. k. Hofbuchhändler.
1886.

Abkürzungen.

A. Indiculus Arnonis und Breves Notitiae Salzburgenses hsg. v. F. Keinz München 1869. 8°. *).
Adj. Adjectiv.
ags. angelsächsisch.
ahd. althochdeutsch.
an. altnordisch.
as. altsächsisch.
Fick. Desselben Vergleichendes Wörterbuch der indogermanischen Sprachen, Göttingen. 1874—76. 8°. 4 Bde.
Fl. N. Flussname.
Fstm. Förstemann Ernst. Altdeutsches Namenbuch. Nordhausen. 1856—72. 4°. 2 Bde.
germ. germanisch.
Grff. Graff, E. G. Althochdeutscher Sprachschatz. Berlin. 1834—46 4°.
Hs. Handschrift.
Kr. U. Urkundenbuch (von) Kremsmünster hsg. v. Th. Hagn (Kremsmünster 1852.) 8°.
M. B. Monumenta Boica. Monachii. 1763— 4°.
Mittheilgg. Mittheilungen der Gesellschaft für Salzburger Landeskunde. Salzburg 1861 ff. 8°.
N. Breves Notitiae Salzburgenses. Vide A.
O. N. Ortsname.
P. N. Personenname.
s. siehe.
scil. scilicet nämlich.
Spec. Rep. Specialrepertorium v. Salzburg, hsg. v. d. k. k. statist. Centr..Comm. Wien, 1883. 8°.
St. Stamm.
stm.
stf. Starkes Mascul., Feminin., Neutrum, starkmasculin, — feminin, — neutral.
stn.
St. P. Das Verbrüderungsbuch des Stiftes St. Peter zu Salzburg, hsg. von Th. v. Karajan Wien 1852. f°.
stv. Starkes verbum.
Subst. Substantiv.
swm.
swf. Schwaches Mascul., Femin., Neutrum, schwachmasculin, — feminin, — neutral.
swn.

*) Keine Citierungsweise der beiden Documente ist durchgängig beibehalten.

Vorwort.

Beiarâ birumês*).

Ich biete in der vorliegenden Arbeit die Frucht langgehegter emsiger Bestrebung und aufrichtiger wissenschaftlicher Vertiefung. Zum ersten Male werden die Ortsnamen zweier für die alte salzburgische und baierische Geschichte und Topographie höchst wichtiger Dokumente ehrwürdigen Alters in eingehender Weise auf ihren linguistischen Gehalt und ihre wahre sachliche Bedeutung untersucht und der Hauptsache nach wohl völlig gesichert.

Ich nehme für mich das Verdienst in Anspruch, diese Arbeit, deren Grundzüge in Förstemann's monumentalen Namenbüchern gegeben sind, auf eine höhere Stufe der Erkenntniß gefördert zu haben, ohne zu behaupten, daß weiterer Fortschritt, durchdringendere Aufhellung, welche ich hie und da vergeblich ersehnte, entbehrlich würde. Ein Ortsname ist ja dann erst als vollkommen gelöst zu betrachten, wenn man gefunden hat, einerseits was er lexikalisch und grammatikalisch sei, andrerseits was er sachlich vertrete, welches specifische Detail der Topographie, und aus welchem Gesichtspunkte er es benenne. Dazu kommt noch, daß man die im Laufe seiner Existenz sich einstellenden mit der Sprache sich ändernden Formen kenne, und daß man wiße, ob und mit welchen der heute noch bestehenden Ortsnamen er identisch sei.

Die Identificierung der Ortsnamen ist zunächst die Aufgabe des Historikers und des Topographen. Meine Arbeit aber ist eine rein linguistische und befaßt sich nicht mit der topographischen Bestimmung, worin ich Keinz und seinen Vorgängern das Wort gelaßen habe, sondern mit der Feststellung der Bedeutung, der grammatikalischen Form und der nationalen Zugehörigkeit.

Drei Völker nennen unsere Urkunden vom 8ten Jahrhundert her seßhaft auf baierischem Boden, die Baiern, Romanen und Slaven, daneben im Gebiete unter der Enns flüchtiger und bald verdrängt die Avaren.

Aus früheren Zeiten bis in den Ausgang des 5ten Jahrhunderts wißen wir die Römer in unsern Strichen südlich der Donau, welche

---

*) Wir sind Baiern.

ältere einheimische Völker gallischer Abkunft absorbiert und wohl zum Theil auch vermöge ihres Systemes der Militärkolonien aus anderen entlegenen Ländern innerhalb ihrer Heereskörper selbst eingeführt hatten.

Als Nachkommen dieser römischen Bevölkerung erscheinen uns noch in späterer Zeit die, wenn auch gewis nicht zahlreichen, so doch ziemlich weit verbreiteten Romani unserer Urkunden, welche indessen wohl nicht durchwegs auf jener Scholle, die sie im 8ten Jahrhundert besitzen, die deutschen Kämpfe des 5ten Jahrhunderts überdauert haben, sondern vielleicht auch in späterer Zeit zugleich mit den schon von Norden her vordringenden baierischen Colonen aus einem südlicheren Romanencentrum wieder ins Land gezogen waren.

Die Frage nach der Nationalität unserer Ortsnamen wird mit diesen Thatsachen zu rechnen haben und auf baierische b. i. deutsche, romanische und slavische Antwort gefaßt sein müßen. Zu dem kommt noch, daß durch Vermittelung des romanischen Organes uns auch Namen überkommen sein können, welche entweder den im Römerthume aufgegangenen norischen Stämmen oder aber den durch das Römerthum ins Land gebrachten Leuten gallischer Provenienz angehören.

Mit dem 6ten Jahrhundert hebt an die allmählig fortschreitende Colonisation der Länder südlich der Donau durch die Baiern, zwischen Lech und Enns bis an die Alpen vordringend, welche gegen Ausgang des 7ten Jahrhunderts unter Theodo erreicht und in ihrem nördlichen Theile wohl schon überschritten sind.

Um diese Zeit treten die Spuren staatlicher Organisation deutlicher aus dem Dunkel hervor, das die Geschichte der ersten Agilolfinge verhüllt.

Ein Generalbevollmächtigter des Baiernherzogs, der Wormser Bischof Hrodberht aus fürstlich fränkischem Geblüte, bereist die weiten Gebiete Baiern's, das Christenthum bringend oder wenigstens befestigend; zu Salzburg wird eine feste Stätte der Cultur und staatlichen Verwaltung aufgerichtet, deren Verweser die vom Herzog bestellten Bischöfe sind; zwei Klöster werden gebaut auf den unter üppiger Vegetation verborgenen Trümmern der vor 2 Jahrhunderten von ostgermanischen Völkern niedergeworfenen Römerstadt Juvavo.

Diese Institute werden aus herzoglichem Gute und von Seite freier baierischer Männer dotiert und die ersten Urkunden geschrieben, die ersten Instrumente über Transaktionen des Besitzes veranlaßt.

Die Bischöfe zu Salzburg funktionieren als Statthalter der Baiernherzoge, welche zum Theil und vorübergehend in Salzburg selbst residieren. Erst ein Jahrhundert später erhält das Erzstift unter Arn durch Karl d. G., dem zum Behufe der Zusammenfassung des Reiches daran gelegen war, die oft erstrebte, aber nie dauernd behauptete Selbstständigkeit der baierischen Herzoge gegenüber der fränkischen Vorherrschaft für immer zu vernichten, seine selbsteigene Existenz von Reiches Gnaden. Der fränkischen Reichspolitik erliegt der baierische Partikularismus, die salzburgische Territorialpolitik stellt sich unter die Fittige des Reiches und erhält von diesem die Festigung des Bestandes, der reichsunmittelbaren Existenz des geistlichen Hochstiftes. Mit dieser Selbstständigmachung des Hochstiftes Salzburg sind zwei Instrumente wesentlich verknüpft, welche den Besitz desselben am Ausgange des 8ten Jahrhunderts geschlossen zusammenfassen, und als die ältesten Quellen für Ortsnamen des salzburgischen Gebietes sich repräsentiren, zugleich als die einzigen für die Zeit vor dem Jahre 800, denn keine Urkunde ist aus dieser frühen Epoche im Originale auf uns gekommen.*) Es sind dieß der Indiculus Arnonis und die Breves Notitiae Salzburgenses, von welchen der erstere im J. 788 „mit Genehmigung und im Auftrage" Karl d. G. verfaßt, die zweiten etwa um das Jahr 800 entstanden sind.**)

Der Indiculus ist ein Dokument öffentlichen Charakters, eine Konscription des erzstiftlichen Besitzes zu dem Zwecke der Anerkennung und Bestätigung von Reiches wegen. In welcher Absicht die Notitiae verfaßt seien, ist nicht direkt ausgedrückt, aber sie werden im Zwecke mit dem ersteren zusammentreffen. Sie sind reichhaltiger, ausführlicher, sogar bis zur Wiederhohlung einzelner Traditionen, mit historischer Einleitung versehen und historischem Detail durchflochten.

Was das Alter der Formen der O. N. anbelangt, welche hier besprochen sind, so ist zu erwägen, daß die benützte Abschrift des Indiculus dem 12. Jahrhundert angehöre, daß also hier jüngere Formen absolut ausgeschlossen sind. Die Formen des Indiculus werden also entweder dem Jahre circa 1150 oder dem Jahre 788 oder einer noch früheren Zeit angehören müssen.

Die Hss. der Breves Notitiae sind jünger und zwar die Salzburger vom Jahre circa 1300, die Münchner etwa 1450. Die Ortsnamen der Notitiae werden also vom Jahre 1300, oder nach der Münchner auch

---
*) Vergl. Keinz Einleitung zum Indiculus pag. 2.
**) Keinz Einleitung pag. 3.

vom Jahre 1450, vom Jahre 800 oder einer noch früheren Zeit batieren. Das heißt: In beiden Dokumenten können noch Ortsnamenformen vorkommen, welche über das 8te Jahrhundert hinaufreichen, sie können aber auch, insoferne sie überhaupt nicht späteren Datums sind,*) in abgeänderter modernisierter Form, und zwar nach dem Sprachstande der Jahre 780 oder 800, 1150 und 1300 oder 1450 vorliegen, natürlich aber auch nach dem Stande irgend eines zwischenliegenden Zeitpunktes.

Was nun die Nationalität derselben angeht, so ist die überwiegende Mehrzahl deutsch und zwar hochdeutsch, nur wenige tragen gothisch-sächsischen Charakter (s. b. Artikel Unhochdeutsche O. N.;), eine Anzahl habe ich mehr oder weniger sicher als romanische gedeutet, für eine weitere geringe Anzahl die Zugehörigkeit zum keltischen Sprachschatze genuthmaßt. Slavische O. N. begegnen hier nicht. Die Einbeziehung der Südslaven in die fränkisch-christliche Cultur befand sich um das Jahr 800 noch nicht auf dem Boden fester Beziehungen.

Ich gehe nun zu den einzelnen Namen über und halte dabei den Vorgang ein, daß ich Namen, welche zu emendieren waren, oder die ihrer Schwierigkeit halber zu längerer Erwägung herausforderten, in gesonderten Artikeln behandle, während die leichter verständlichen Komposita und Derivata gruppenweise und zwar unter ihrem Grundworte oder ihrer Ableitung besprochen werden.

---

*) Was bei etwaigen späteren Nachträgen und Einschüben begegnen kann, wenn auch nicht muß.

Abersee.

Abriam lacum A. IV. 2 ist konform mit A. VII. 8 in Abriani lacum zu emendiren, indem an erster Stelle m falsch gelesen ist für ni. Abriani aber ist deutlich ein Genitiv des Besitzes von einem P. N. Abrianus.

Abria lacus, wie Kring in's Register setzt, hat keinen Sinn.

In deutscher Form steht Aparnsee N. VII. 7, und mit ersichtlicher graphischer Verstümmelung Parnsee an einigen andren Stellen der N. Das Chron. Lunaelaceense hat, wie ich aus Koch-Sternfeld's Topograph. Matr. entnehme, Aparnessee, Juvavia 93 bietet aus saec. 9 Apirinesaeo, das Urkbbch. v. Ö. o. b. E. I. Aparinesseo, woraus ein P. N. Aparin, Apirin resultirt.

Abrianus und Aparin sind natürlich eine Person, und Fstm. hat angenommen, daß letzteres aus dem ersteren verdeutscht sei. Freilich könnte auch das umgekehrte der Fall sein, wenn Aparin sonst belegbar wäre, wie ja z. B. der Salzburgische Dialon Sindo A. VIII. 8 in N. VIII. 14 als latinisierter Syndonius auftritt. Aparin müßte gebildet sein, wie Altin, Urnodin, Leubin etc. (Graff), und, wie diese Erweiterungen der Adjektiva alt vetus, bruodi gloriosus, liub gratus sind, zu dem gotischen Adjektiv abrs fortis, vehemens gehören, welches in ahd. P N. wie Aparhilt St. P., Abarhram bei Graff, als Componens auftritt.

Aha.

Aha germanisch ahva Waßer, ist in unsern Gebieten die zuständige Bezeichnung für jedes rinnende Gewäßer, welches nicht als Bach oder Brunne benannt wird. Die Ache charakterisiert sich diesen gegenüber sowohl durch ihre Waßermenge, als auch durch die Konstanz ihres Flußes, im Vergleiche zum Bach wohl auch durch geringere Steilheit des Gefälles und im Vergleiche zum Brunnen durch die Qualität des Waßers selbst.

Von den 6 hier zu besprechenden Nummern (Rotaha werde ich bei Rota, Tonaha bei Danubius besprechen), sind 3 mit dem possessivischen Genitiv eines P. N. verbunden:

Boninaha*), Bono Graff.

---

*) Ein Adjektiv bon(i, eben flach wird unter Pongauai aufgestellt. Dasselbe könnte auch in Boninaha vorliegen und zwar um so eher als der Begriff eben in Fl. N., so in unserm häufigen Embach = ebenbach, thatsächlich vorkommt. Boninaha könnte also auch bedeuten: (Bei der) ebenen Ache.

Fecchilesaha, vergl. Fachilo, Facco Fstm.
Liubilnaha, Liubilo Fstm.
Nach der Färbung des Wassers ist benannt:
Die Swarzaha.
Nach der Fauna, die Fischaha.
Nach der umgebenden Vegetation: Die Unidaha, ahd. wīda die Weide.
Die Salzaha aber hat ihren Namen nicht etwa von der Salzhältigkeit ihres Wassers, sondern vom Salztransporte, der auf ihr betrieben wurde.

Ahi.

Das Suffix ahd ahi bildet stn. Collektiva der Vegetation oder specifischen Bodengestaltung wie: Eichach=Eichenwald, Beerach=Beerenland, Büchlach=Hügelland, Thalach ꝛc. Die 4 Nummern, welche hier geboten sind, gehen auf Vegetationsverhältnisse u. zwar:
Aschach zu ahd. asc. stm. Die Esche.
Haselach, zu ahd. hasal stm. der Hasel.
Kaitinhaselach, dasselbe Wort zusammengesetzt mit dem possessiv. Genitiv eines P. N. Raito, wozu sich Raido Fstm. Raitun fem. St. P. vergleicht, aber auch das ahd. Appellativ reito swm. auriga in Betracht kommen kann. Endlich:
Rorach, zu ahd. rôr stn. arundo.

Albina.

An mehreren Stellen der N., von benen ich zwei hieherseze: (ecclesia) juxta ripam quae vocatur Albina N. VII. 3 und: in villa Albin N. III. 10. Gemeint ist im zweiten Falle der Flecken Oberalm an der Alm, im ersten das Ufer des Flüßchen's oder die Alm selbst. Daß Albina primär Fl. N. sei und die Alm bezeichne, welche aus dem Wiesthal kommend bei Hallein in die Salzach fällt, unterliegt keinem Zweifel.
Reinz vermuthet zu Oberalm ein romanisches Geschlecht edler Abkunft und legt dadurch schon nahe den Namen romanisch zu deuten. Die Form fügt sich trefflich. Wir kennen aus Diez' Grammatik 2. den romanischen Gebrauch, lateinische Abjektiva mit dem Suffixe inus zu erweitern, wodurch eine größere oder geringere Modifikation des ursprünglichen Begriffes, zumeist im Sinne der Diminution, hergestellt wird. So haben wir die diminutiven Abjektiva ital. bellino, giovinino, novellino, spanisch mit specifischer Nuancierung des Begriffes verdino, hochgrün ꝛc.

Ein Abjektiv albino können wir außerdem im Italienischen direkt belegen. Es setzt den Begriff albus in seiner Intensität herab und bedeutet weißlicht.

Fassen wir nun Albina scilicet aqua (Wasser) als elliptisches Adjektiv, so gelangen wir zu der Erklärung: Weißwasser, Weißbach, das ist ein Fl. N., der ja auch im deutschen ganz außerordentlich geläufig ist und auf eine physikalische Eigenschaft des betreffenden Wassers, seien es nun aufgeschwemmte Theilchen mineralischer Herkunft, sei es vielleicht auch besondere Entwicklung weißen Schaumes, abzielt. Die Deutung gewinnt noch an Wahrscheinlichkeit, wenn wir erwägen, daß wir dem romanischen Albina ein romanisches Fusca scilicet aqua, die Fusch, und supponiertes Fuscula scilicet aqua, die Fuschel entgegensetzen können, wie wir neben zahlreichen Weißbächen auch deutsche Schwarzbäche und Schwarzachen haben.

Der Name Albina, Alben, Alm, als Fl. N. ist aber nicht nur in einem Exemplare belegt.

Wir haben außer der Alm aus dem Wiesthale noch eine Alm aus dem Königsee, welche übrigens in Berchtesgaden den Namen Achen führt, mit dem von ihr abgeleiteten Almkanal, welcher das Leopoldskroner Moos durchfließt, eine Alm im Pinzgau bei Saalfelden in die Saale mündend*); In der Alben anno 1405 Mitthlgg. 23, 107., endlich eine Alm in Ob.-Österr. unterhalb Lambach in die Traun fallend, flumen nuncupante Albina no. 777, a fluvio Alben ao. 1155, die Alm ao. 1340 Kremsmünst. Urkd. pgg. 3, 43, 220, von welchen die letztere die stufenweise Umgestaltung des Namens besonders klar zur Anschauung bringt.

Diese Verbreitung ein und desselben Wortes als Fl. N. braucht uns nicht zu wundern, wenn wir erwägen, wie oft das Abjektiv weiß auch im Deutschen zur Fl. Benennung verwendet wird. So kennt z. B. Bavaria V. allein 3 Weißbäche, 5 Weißachen und 5 Weißenbäche, nebst 1 Weißensee, 1 Weißlofer, 1 Weißmain rc. Auch vom Slavischen wißen wir, daß das entsprechende Abjektiv belu, weiß, außerordentlich oft in Fl. N. erscheint.

Für die romanische Abkunft des Fl. N. Albina wird überdieß noch

---

*) Auf Reil's Karte führt nur der untere Abschnitt der bei Saalfelden mündenden Urschlau den Namen Almbach, indessen beweisen die hochgelegenen Ortschaften Almdorf und Alm, daß der Name früher weit hinaufreichte und ältere Bezeichnung der Urschlau selbst sei.

d e r Umstand wesentlich ins Gewicht fallen, daß er gerade an Orten, und nur an diesen auftritt, wo, wie wir aus unsern Urkunden wissen, noch im 8. Jahrhundert eine seßhafte romanische Bevölkerung genannt wird, während er sonst fehlt, selbst Bavaria V. gewährt ihn nicht in e i n e m Exemplare. Das Suffix iuus, in den zuvor angezogenen ital. und span. Neubildungen, hat von vorherein kurzes i, welches aber in den romanischen Sprachen nachher durchwegs gelängt wurde, wie auch in den, aus dem latein. übernommenen Adjektiven dieser Bildung diese Längung durchgeführt wurde, so daß lateinischem cédrinus, mýrtinus, pétrinus, crystállinus, ein italienisches cedrino, mirtino, petrino, spanisch cristalino, gegenübersteht, vgl. Diez Gr. 2. Durch diese Längung wurden die īnus Ableitungen den īnus Derivaten gleichgemacht.

Es fragt sich nun, ob wir das urkundliche Albina als albĭna oder als albīna anzusprechen haben, d. h. ob wir das Suffix iuus in diesem Worte im Sinne des latein. oder aber im Sinne der späteren romanischen Sprachen auszuwerthen haben. Die Frage ist schwer zu entscheiden, denn, wenn es auch sicher ist, daß ein im ausgehenden Mittelalter oder zu Beginn der Neuzeit aus dem Romanischen übernommenes albīna heute nicht Alben sondern Albein lauten müßte, wie wir einen O. N. Albeins und zahlreiches Aehnliches in Tirol haben, so kann daraus doch nicht gefolgert haben, daß das romanische Albina des 8. Jahrhunderts kurzes i besessen habe, da die Kürzung im deutschen Organe eingetreten sein kann, wie von eben demselben Organe romanisches Rūrése in Rāuris, gekürzt ist.

Ich behandle diesen Fl. N. deshalb so ausführlich, weil ich den Anspruch auf deutsche Ableitung desselben, welcher aus einem deutschen Stamme alb, alp in den P. N. unseres Gebietes*), sowie aus dem deutschen Fl. N. Unchine ao. 1144 Dürlinger Pingg., die Unken, d. i. gleich älterem únchina aha zu ahd. unc stm. anguis also Natterbach erwachsen könnte, definitiv zurückweisen wollte.

As
deutsche Nominative Pluralis personaler Natur**).

Dieselben finden sich in A. VI. 26—28, und zwar in dem Verzeichnisse der Salzburgischen Pfarrkirchen. Es sind die Plurale Antheringas,

---

*) Ich zähle St. P. 8 Namen worin alp, 3, worin alb den ersten Theil der Composition ausmacht, dazu noch Alpericus Alpigund und die Derivata Alpuni, Albuni, Alpune.
**) In jüngster Zeit wurde der Versuch gemacht dieselben als Lokative Pluralis zu erklären.

Achingas, Fuginas, Marciolas, Baldilingas, Schildarias, Brunningas, Deorlekingas, Quantalas, Episas und Hrodheringas, von welchen ich die ingas unter ing, Schildarias und Marciolas aber in je einem besonderen Artikel erläutere.

Ich vermuthe, daß diese alten as, welche mit Weinhold*), für Genitive Sing. zu nehmen ich mich nicht entschließen könnte, aus älteren Dokumenten genommen sind, und etwa dem Umstande ihre Bewahrung verdanken, daß schon der Schreiber vom Jahre 788, gewiß aber der Abschreiber des 12. Jahrhunderts sie für lateinische Akkusative Plur. Fem. gehalten hat, analog zu dem ebendaselbst aufgeführten Salinas.

Wie alterthümlich dieses Verzeichnis überhaupt sei, beweist auch der Dativ Pl. Buriom und dann die merkwürdigen O. N. mit gotischsächsischem Consonantenstande, die ich andern Ortes bespreche.

In Frage kommen hier außer den besonders behandelten die Namen Fuginas Fülgen, Quantalas Kundl, Episas Ebs; es muß untersucht werden, ob sie überhaupt deutsche Plurale masc., oder ob sie nicht vielmehr romanische Plurale femin. seien, ob sie im ersteren Falle, wie Schildarias, ein deutsches Substantiv, oder wie Marciolas ein romanisches enthalten, oder im zweiten, ob sie romanisch oder etwa vorromanisch im Etymon seien.

Die Sache ist gewiß schwierig und ich wage nicht sie als gelöst hinzustellen. Doch scheint mir romanische Deutung des Etymons fehlzuschlagen, und ich bin geneigt unter Aufrechthaltung der Parallele mit Schildarias die betreffenden 3 Namen als persönliche, d. h. an Personen haftende Substantiva sehr alter Herkunft zu halten, welche, so wie jenes: scutarii d. i. Schildmacher, eine bestimmte Qualität von Leuten, sei es mit Bezug auf Abstammung, sei es in Hinsicht auf Eigenschaften oder Beschäftigung, bezeichnen. Ich stelle Fuginas zu germ. fuh pungere Fick 3, woraus ein fuhnás später fúginá Verbaladjektiv oder Particip Perfekti gebildet werden kann**); Quantalas etwa zu kvan zeugen Fick 3, kúndá (aus kvanthás) gezeugt, geboren obda. etwa wie genitus, gentilis im Sinne von „edel"; Episas, später Ebsas, vielleicht zu ab apisci Fick 3***).

Der Umstand, daß es nicht sofort gelingt in den Sinn dieser Namen einzubringen, auch wenn die hier versuchte Zuordnung zu germanischen

---
*) Baierische Grammatik.
**) Vergl. zum Stamme die P. N. Fucco. Fagal, Fakelin, sowie zum Suffixe Aldini, Amalin, Folchini etc. Fstm.
***) Derivirt wie got valis gen. valisis, auserwählt zu germ. val wählen. Demgemäß abis ebis etwa — errungen, erlangt, erreicht?

Stämmen richtig wäre, was ich ja keineswegs beanspruche, bildet keinen
principiellen Einwand gegen die Deutschheit dieser Namen.

Man vergleiche doch die altbaierischen Namen der 5 edelsten Geschlechter nächst den fürstlichen Agilolfingen, welche in den Leg. Baj.,
(Perz. Leg. III. 289), genannt sind, die Hôsi Huosi, Draozza Drôzza,
Fagana, Hahilinga, Anniona, welche in älterer Fassung gewis: Draozzâs,
Faganâs, Hahilingâs, Annionâs gelautet haben (Hôsi wäre got. Hôseis),
wie ja dieselbe Stelle noch Agilolvingas setzt, freilich im Sinne eines
lateinischen Acc. Pl., gleich scribas.

Patronymisch sind unter diesen die Hahilinga und Agilolfinga,
gleich den Antheringas, etc. des Indikulus, die übrigen aber sind Appellativa und verhalten sich ihrem Ansehen nach genau wie die hier besprochenen Fuginas, Quantalas, Episas.

Auch diese Namen der edelsten baierischen Geschlechter sind lexikalisch
nicht als Nomina belegbar; wir müßen konstruieren, um sie zu verstehen.
Ihre Deutschheit hat deshalb noch niemand bezweifelt*).

Atanate.
Ad Atanate ecclesia N. IX. 4., Datz Atnat saec. 15 Mitthlgg.
13, zu Adnaten Mitth. 14.

Das Wort ist dunkel und schwierig. Verglichen werden kann es
und wurde es einerseits mit den alten keltischen O. N. auf ate, als
Arelate, Aredate, Condate, Monate, Stiriate, welche in allen Ländern,
wo einst keltische Völker wohnten, vorkamen, also auch in unsern Gegenden
principiell nicht abgewiesen werden dürfen. Andrerseits mit den oberitalienischen Buscate (bosco), Masnate (mansio), Prunate (prunus), Pedrinate (Petrinus), welche, wie Giovanni Flecchia nachweist, aus romanischen Primitiven mit der von ihm nicht sicher bestimmten Ableitung ate,
welche vielleicht doch mit dem lateinischen, besitzanzeigenden, Adjektiva wirkenden Suffixe âtus identisch ist, gebildet werden. Faßte man nur die
heutige Form Adnet ins Auge, so könnte man auch versucht sein, die
bairischen Collectiva Aichet, Buchet, Erlet, Pramet, (ahd. brâma rubus,
vepres), Schachet, Stainet, Stocket, zum Vergleiche heranzuziehen. In
diesem Falle müßte atan ein Appellativ sein, welches zur Kollektivierung
sich eignet, vorzugsweise also ein Gegenstand der Vegetation. Aber ich
finde hier nichts Einstimmendes.

---
*) Hôsi verwandt zu ahd. hasan adj. politus, venustus. Präteritalablaut dazu ?
Also etwa venusti ?
Draozza zu ahd. driozan, german. thrut beläſtigen, alfo vielleicht labore

Es ist zu erwägen, ob Atanate nicht eine genitivische Composition sei und im ersten Theile einen P. N. enthalte. Das ist in der That möglich, denn wirklich findet sich der P. N. Ato mehrfach bei Fstm., der im Genitiv Atan, Atin, bilden kann, wie as. Beranthorp das Dorf des Bero. Es erwüchse aber dann die Forderung, daß ato ein deutsches Appellativ sein müße, wovon in den Lexicis nichts verlautet.

Es erübrigt die Möglichkeit: Ata—nate zu trennen, und in dem Worte einen komponierten P. N. zu finden, dessen erster Theil in Ate boduus*), Adobald, Atina, Ato**), Fstm. Stamm ath, dessen zweiter in Hasnat, Tarchinat, Tarchanat, Fstm. Stamm nath gegeben wäre, Atanat wäre also ein bloßer P. N., der zum O. N. geworden wie Turtin und Liubin und Atanate wäre natürlich und ganz regelrecht der Dativ, beziehungsweise der Lokativ des P. N.

Atanate scheint nachher gelegentlich auch Bergname geworden zu sein, durch lokale Uebertragung, wofür die Stelle in monte Attnat aus einer römischen Urkunde vom Jahre 1465**) spricht, und worin ein ganz ähnliches Verhalten sich darstellt, wie in dem bekannten Bergnamen Waßmann zum P. N. Wazaman St. P., der ebenfalls selbstverständlicher Weise primär dem Besitzer des Berges oder eines Theiles desselben angehört, dem Berge selbst von vorneherein beigelegt keineswegs sein kann.

Es ist meines Wißens das erste Mal, daß in Atanate die Möglichkeit eines deutschen P. N. nachgewiesen wurde, ich begnüge mich mit derselben, ohne mich mit Behauptungen allzuweit vorzuwagen, und würde für eine gute keltische oder romanische Auslegung gewis dankbar sein.

Atersee.

N. XIV. 42. Aus dem Chron. Lunaelac. kennt Koch-Sternfeld's Top. Mat. noch die ältere Form Atarsco.

Es ist zunächst vollkommen klar, daß der erste Theil des Wortes in dem ahd. Adjektive atar, acer, celer, gegeben sei, und es entsteht nur die Frage, worauf sich dasselbe von vorherein beziehe. Man könnte es für Apposition zu see halten, jedoch es giebt auch ein Adragaoc A. VII, 12. Atargov N. II. 8., und Juvavia 113 einen nahegelegenen

---
afflicti oder laborem inferentes? Fagana zu ahd. faginôn exsultare ags. fägen laetus. gaudens, daher laeti.

Anniona zu germ. ann. ahd. an unnan gönnen, gewähren, faventes, fautores? oder concessi, gratiä tributi? Suffix uni, welches im P. N. häufig? Annjanâ?

*) Bei Glück Kelt. Nam. 52 als keltisch reklamirt.
**) St. P. gewährt Atto und Ato.
Salzburger Consistorialarchiv abgedruckt in den „Mittheilungen" 15 pag. 45.

Atarhof; es wird daher einleuchtend, daß atar nicht apponiertes Abjektiv sein könne. Denn nicht gut könnte der Gau, unmöglich aber der Hof, acer, celer genannt werden, wenngleich dem See dieses Epitheton zukommen möchte.

Wir wißen aber, daß Seen sehr oft nach ihrem Ausflusse benannt sind, wie der Simsee nach der Sims, der Traunsee nach der Traun ꝛc. somit liegt es nahe zu muthmaßen, daß Atar(a), älter Adra, der Name des Ausflußes des Attersees sei. Adra scilicet aha bedeutete: die Rasche, Schnellfließende, und der Gau und Hof wären wegen ihrer örtlichen Beziehung zur Atter Adragaoe und Atarhof genannt, genau wie der Traungau, Drungaoe, nach der Druna, der Jsengau, Isanagaoe, nach der Isana etc. genannt ist.

Der Ausfluß des Attersees aber heißt bekanntlich die Ager; Im 9ten Jahrhundert schon Agra, Agre, wie Koch-Sternfeld's Top. Matr. aus dem Chron. Lunaelac, beibringt. Das scheint in Widerspruch zu stehen mit meiner Voraussetzung.

Der Widerspruch aber löst sich, wenn ich annehme, daß Adra und Agra zwei parallele Bezeichnungen des Ausflußes sind, von denen der erste deutsch, der zweite romanisch ist, und in der That wird diese Supposition dadurch gestützt, daß beide Namen sich geradezu übersetzen.

Agra derivirt sich aus lat. acer scharf, schnell, ital. agro, mit ächt romanischer Erweichung des c zu g, und bedeutet genau dasselbe wie deutsches Adra.

Während aber der deutsche Name des Ausflußes im Seenamen haftete, ist für den Ausfluß der romanische gebräuchlich geworden und in der heutigen Ager vorhanden*).

Romanische Namen von Seeausflüßen sind auch sonst bekannt, so die Fuschel aus dem Fuschelsee, die Alm aus dem Almsee, wogegen der auf Reils Karte abflußlose Funtensee nach der romanischen Bezeichnung Fontana, die Funten, einem seiner zwei Zuflüße benannt ist.

Alzus.
Alzus, fluvius Anhg. XCIII. 1., die Alz, Ausfluß des Chiemsees.

---

*) Die Sache kann aber noch weit einfacher sich verhalten. Der Agerbach oder die blirre Ager entspringt ganz unabhängig vom Attersee und vereinigt sich mit dem Ausfluße deßelben, der großen Ager bei Timelkam. Es kann also eine bloße Uebertragung sein, erleichtert durch Aehnlichkeit des Klanges, wenn die Abra heute ebenfalls Ager genannt wird. Nicht unbedingt muß dann auch die Ager romanisch sein, da wir in den deutschen Namen Agranod, Agralf, Agripert Fstm. ein ähnliches Wort wieder finden.

Die Juvavia bietet die volleren Formen Alezussa pag. 63 und Alzissa pag. 82, beide aus dem 9ten Jahrhundert.

Es gelingt vielleicht den Namen als einen romanischen glaubhaft zu machen. Das Suffix wäre lat. uceus roman. uço, welches in Ladusa und anderen mit Wahrscheinlichkeit nachgewiesen wird. Zum Stammworte stellte sich ital. alzare, aus supp. lat. altiare, heben, aufrichten, erhöhen mit seinem Derivate alzaja Zugseil für Schiffe, welches wohl nicht aus lat. altiorem reddere, sondern aus einem, nach häufigem romanischen Gebrauche, mit ius erweiterten Abjektive altius, alzo, für altus entspringen möchte. Wie nun aus lat. surgere, sich erheben, das ital. sorgente fem. Quelle entsteht, vermöge des Bildes, des aus der Tiefe sich erhebenden Wassers, so könnte Alzussa scil. aqua aus alzare, sich erheben, geleitet sein und bedeuten: das über den Rand des Seebeckens sich erhebende, das überströmende Waßer, den Ausfluß schlechtweg. Oder aber, wenn wir an das supp. alzo anknüpfen, die hohe, reichlich fließende Ache (wie deutsch Hochwasser?). Das e in Alezussa, wenn überhaupt rechtfertig, müßte epenthetisch sein, in Alzissa aber wäre, sofern nicht die Verdünnung von u zu i nach der Hand erst im deutschen Organe eingetreten ist, das Suffix uceus durch das ganz gleich wirkende icius ersetzt.

Es ist übrigens noch zu bedenken der Fl. N. Undussa bei Graff, welcher ebensowohl zu ahd. undja f. fluctus wie zu lat. unda gehören kann. Im ersten Falle hätten wir eine Ableitung nach Analogie der ahd. stf. scruntussa rima, rātussa auch ratissā aenigma, got. filussi stf. turba, vor uns, und es würde sodann auch Alezussa in den Verdacht germanischer Ableitung gerathen. Denselben Stamm alz enthalten auch die abgeleiteten O. N. Alzeia und Alzina bei Graff. Sind es gleichfalls Fl. N.?

Anaua.

Anua A. VI. 26. Anif bei Salzburg.

Das Schenkungsbuch der Propstei Berchtesgaden, abgedruckt in den „Quellen zur baierischen und deutschen Gesch." I. 241, gewährt aus dem 12. Jahrhundert die Form Anaua, und diese Form wird auch durch die Belege der Juvavia mehrfach gewährleistet. Es ist also, insoferne das obige Anua überhaupt richtig gelesen ist, in der Vorlage entweder anaua oder anûa vorauszusetzen, woraus die Form des Indiculus durch Verlust des zweiten a, welches ein offenes gewesen sein muß, verstümmelt ist.

Daß Anaua-Anif ein verbreitetes Appellativ oder ein gangbarer P. N. gewesen sein müße, erhellt daraus, daß unser Spec. Rep. noch ein zweites Anif im Pongau kennt und daß die Juvavia pag. 169. den C. N. ad Campanavum, das Chron. Lunaelac. pag. 156. Gampanif darbietet (heute Elsbethen), welcher Name ein ersichtliches Compositum von campo und anava darstellt, wozu ich bemerke, daß Du Cange ein Abjektiv anavus, vox wallica, im Sinne von mendosus, fehlerhaft, kennt. Es ist ferner zu erwägen, daß Glück Kelt. Namen. 106 einen armorischen P. N. Anau, Anavus und einen gallischen Frauen-Namen Anavo, sowie eine Anzahl kym. Composita, Anavoc=Anavâcus, Anaugen= Anavogenus, nachweist, welcher P. N. in Anava und Campanava (campus Anavi oder Anavae?) direkt vorliegen könnte. Jedesfalles sei es, daß Anava P. N., oder Appellativ ist, werden wir vermuthen dürfen, daß der Name dem keltischen Sprachschatze zufalle.

Austrum.

Donatio in territorio ad austrum N. XIII. 12. Ganz genau so steht in N. IX. 8: in occidentem et aquilonem, ad orientem et austrum. Latein. auster der Südwind steht also für die Bezeichnung des Südens selbst. Das Wort ist kein O. N. und die auch von Keinz acceptierte Identificierung mit Asten nördl. Titmaning entfällt hiemit von selbst.

Auua.

Unter auua stf. german. ahvja, verstehen wir das mit charakteristischer Vegetation bedeckte Land an einem rinnenden Gewäßer, d. i. Auen- und Flußinseln. Daneben erscheint ein zweites au in unserm Fl. N., mhd. ouwe, Waßer, Strom, welches als übertragene Entwicklung des Wortes im Sinne des sonst gebräuchlichen aha anzusehen ist, und, wie z. Beispiel in: Die Urschlau, das rinnende Gewäßer selbst bezeichnet. Für Au im Sinne von Waßerland sind hier 4 Nummern gewährt. Und zwar:

Unkomponiert: Auue*).

Dann mit dem Genitiv des Besitzers:

Nigoltesovve, was entsprechend der volleren Form in den M. B. 18 Nidikeltesauua wohl als graphisch verstümmelt anzusehen, und in Nidigoltesovve zu emendieren sein wird, und zwar um so mehr, als

---

*) Auue v. J. 788 aus älterem ahvjai ist der regelrechte bisher noch nicht aufgezeigte Lokativ Sing. der ahd. ja Declination entsprechend dem got. sibjai.

das d ja auch in dem heutigen Niedergottsau, welches damit identificiert wird, nicht geschwunden ist.

Nach der Vegetation endlich sind bezeichnet:
Die Aharnouua vom Ahorn,
und Ascauue von ahd. asc stm. die Esche.

Bach.

German. baki stm. ist ein rinnendes Gewäßer von geringerer Wasserfülle als die Ache. Er ist eine Einheit niedrigeren Grades*). Ich verzeichne 15 Composita dieses Grundwortes, und zwar:

Mit dem Genitiv des Besitzers: Tinnilinpach (emend.) vergleiche Tinnulo St. P.

Hadolvespach, Hadolf Graff.

Dann nach äußerlichen Eigenschaften des Waßers und zwar: Nach der Farbe Chroninpah Groninpach, ahd. gróni, grün.

Wizinpach, ahd. hwîz weiß.

Lutrinpah, ahd. hlûtar lauter.

Sämmtlich Dativappositionen.

Nach der Vegetation der Umgebung:
Uuidinpach, ahd. wîdîn Adj. zur Weide salix gehörig.

Nach der Fauna:
Der Urpah, ahd. ûr(o) stm. der Auer,
und vielleicht auch der Scratinbach, worin ich ein Adj. scratîn ansetze zu ahd. scrato swm. larva, monstrum, worunter irgend welche Insekten oder Amphibien verstanden sind**).

Nach der Beschaffenheit des durchfloßenen Gebietes ist benannt:
Der Pohpah, mhd. buoch stm. der Buchenwald,
und der Steinpah, ahd. stein stm. Stein, Fels.

Nach einer Gabeltheilung ist benannt der Kapalpah (emend).

Nach seiner Debilität und Wasserarmuth. Der Lambach.

Nach seiner Beziehung zu einem Laufen, der Louffinpach, verstehe louffîn Adjektiv.

---

*) Beim Geographen von Ravenna 4. 25 wird neben dem Fl. Regen ein flumen Bac genannt, der sich auf thüringischem Gebiete in die Donau ergießt. Das Wort konnte also auch einen Fluß bezeichnen. Unsere Anschauung, daß ein Bach an Wasserfülle einer Ache nachstehe, ist also eine sekundäre.

**) Scratin kann aber auch Genit. possessiv. eines P. N. Scrato sein, vergl. den nhd. Schreibenamen Schratt; nur war ich nicht im Stande Scrato als P. N. quellenmäßig nachzuweisen.

Nach seinem Abflusse vom Hochzinken der Zikinpach, verstehe zinkîn Abj. zu mhd. zinke swm. Zacke, Zinke, Spitze.

Perinpah heute Birnbach stelle ich nicht, wie Perndorf, zu einem P. N. Pero, sondern zu ahd. beri stn. bacca, und setze perîn Abjektiv zu Beeren gehörig an. Perinpah ist ein Bach, der durch ein Beerengebiet ein berach Birach fließt, und genau so zusammengesetzt, wie Bliembach, aus älterem bluomînpach, ein mit Blumen bestandener, durch blumiges Terrain fließender Bach. Ich zähle 6 Birnbäche, 5 Bernlob, und zahlreiche Bern—eck,—reut,—ried etc. in der Bavaria V., woraus hervorgeht, daß bern, birn nicht P. N. sein könne, sondern appellativisch sein müße. Der Wechsel von i und e zeugt gerade für die Richtigkeit der Ableitung, da bear und biar für bacca im Baierischen wechselt. Siehe Schmeller.

Pachmanna.

Pachmanna und Pachmannum heute Pachmanning.

Beide Formen stehen in N*)., und obwohl diese sonst jüngere Formen aufweisen, müßen wir die obigen doch für Formen mit sehr alten Flexionen halten. Pachmanna wird Nom. Pl. und Pachmannum Dat. Pl. mit deutscher Flexion sein. Das Wort ist ein Compositum von ahd. pah rivus und man, homo und bedeutet also: homines ad rivum habitantes. Im heutigen Pachmanning ist das Suffix ing, welches pluralische Funktion hat, für die Flexion eingetreten, ganz ähnlich wie in Schilding für Schildern, worüber unter Schildarias nachzusehen.

Berg.

Das bloße Substantiv ist vertreten in Perge.
Mit dem Genitiv des Besitzers sind verbunden:
Kadoltesperge, Chadoldus M. B. 1.
Tusinperch, Tuso vide Tusindorf.
Hunsperch, Hun St. P.
und Willinperch, Willo Graff.

Nach der Vegetation ist benannt der Chiemperich zu ahd. chien kien kên pinus, hier vielleicht pinus pumilio die Zwergkiefer, mit Verdickung des n zu m vor p.

Nach dem ökonomischen Zwecke der Gaißweide benennt sich der Gaizioberch, nach dem Ursprunge eines Gewässers der Sureborch.

---
*) Daneben auch Pahmann. A. gewährt nur Pahman entsprechend der gewöhnlichen Deklination des ahd., man welches anomal ist. Pachmanus ist also wohl eine Angleichung an die regelmäßige Deklination, welche auch in rommana neben gomman Nom. Pl. Graff stattgefunden haben wird.

Der Chruchinperch ist vermuthlich nach seiner Configuration bezeichnet, s. bes. Artikel.

Bisonzio.

Bisonzio, locus A. VI. 2 Bisontio N. XIV. 1.

Zeuß, Die Deutschen und ihre Nachbarstämme, wollte das Wort aus Ambisontio verkürzt sein laßen, indem er zugleich den frühern Namen der Salzach im Indiculus Igonta in Isonta emendierte und die Ambisuntes der alten Schriftsteller an diesen Fluß verlegte. Ich schließe mich dem nicht an, (die Conjektur Isonta hat schon Mommsen Corp. Inscr. bezweifelt), sondern erkläre das gut romanische Bisonzio loco, welches zunächst eine Gegend, nicht eine Ortschaft benennt, aus lat. bison bisontis der Wisent oder Auer, mit dem Abjektivsuffixe ius, eus abgeleitet. Bisonzio loco ist nichts anderes als Auerwald oder Auerrieb, wobei es freilich zweifelhaft bleibt, ob loco oder ein anderes romanisches Substantiv ursprünglich ergänzt werden muß.

Die Hauptsache ist, daß das romanische Bisonzio sachlich ganz dasselbe besagt, wie im Deutschen der Auer, ûr in zahlreichen O. N.

Auf's entschiedenste ferner bestreite ich, daß der Name Pinuzgaoc A. VI. 2, wie selbst Fstm. meinte, aus Bisonzgaoe umgeformt sei. Der Name Pinzgau zu ahd. pinuz die Binße, rechtfertigt sich zur Genüge aus der bekannten sumpfigen Bodenbeschaffenheit und der Sumpfvegetation der in Rede stehenden Lokalität, welche Beschaffenheit auch heute, trotz großartiger Entwäßerungsarbeiten, nicht verschwunden ist.

Örtlich mögen Bisonzio loco und Pinuzgauui, wie N. XIV. 1 will, gewis zusammenfallen und auf den Zeller See und seine Umgebung zu projicieren sein, sprachlich sind sie scharf getrennt zu halten.

Pongauui.

Pongauui, locus A. VIII. 1. Pongov N. III. 1. etc. Pougau, primär die Umgebung der Maximiliansszelle zu Bischofshofen.

Die Juvavia bietet Bongonue pag. 151 und öfter. Graff kennt außerdem die O. N. Bondorf und Bonland. Ein P. N. Bono findet sich bei demselben neben Bunno, ein Ponno in M. B. 2. Aus alledem erhellt, daß ein deutsches Abj. bon (thematisch bunna bunja) aufgestellt werden könne, dessen Sinn sich aus ahd. bonjan swv. ebnen, ausspannen, ausbreiten, erläutert. Verwandt ist wohl das neuhochd. schwache Verb. bohnen (aus dem Niederdeutschen?) d. i. glattmachen, sowie auch mhd. büne stf. Bretterboden, Fußboden, Zimmerdecke hieher gehört.

Ein Abj. bon wird also bedeuten: ausgespannt gestreckt, ausgebreitet, eben, und einer dieser Werthe muß auch in Pongauui liegen.

Pontena.

Pontena A. VI, 19 angeblich Seebruck am Ausflusse der Alz aus dem Chiemsee.

Der Name hat eine gewisse Ähnlichkeit mit Phunzina, Pfunzen am Inn nördlich von Rosenheim, welches in einer Urkunde sacc. 9 Juvaria pag. 157 genannt ist.

Nachdem aber Pontena ausdrücklich im Chiemingau aufgeführt ist, während das ganz nahe südöstlich zu Pfunzen liegende Sinsa ebenso entschieden in den Gau Intervalles versetzt wird, möchte ich eine Identität von Pontena und Phunzina nicht unbedingt behaupten, obwohl gerade dort die Grenze zusammengefallen sein muß, und die Form auffällig übereinkommt. Nur daß Pontena die ursprünglichen romanischen Consonanten bewahrt, wogegen Phunzina der hochdeutschen Verschiebung unterzogen erscheint. Die Ableitung des O. N. geschieht ganz klar aus dem latein. pons ital. ponte, die Brücke, mit dem roman. Suffixe inus (inus oder inus, was ich hier nicht entscheiden kann), woraus entweder ein elliptisches Adjektiv oder sogleich ein Substantiv Pontīna oder Pontīna gebildet wird. Wäre pontina anzusetzen, so könnte man wohl villa pontina, wie „Bruckdorf" bei Weilmeyr erklären.

Romanisch īno wird sonst in O. N. deutsches ein, wofür zahlreiche Beispiele in Tirol; gegen pontīna, wenn dieses wirklich Pfunzen ist, was ich wie gesagt nur anrege, nicht behaupte, bildet dieß keinen Einwand, da in ahd. Zeit das i der Ableitung gekürzt sein kann, wie es ja auch in Alben Albina kurz ist.

Pozchurdorf.

Pozchurdorf A. VI. 28. im Isengau. Nähere Lage unbekannt.

Das Wort ist schwierig, da es anderweitig nicht belegt ist. Es scheint ein dreifaches Compositum zu sein und ist in poz-chur-dorf zu trennen. Es wird sich sodann fragen, ob 1 mit 2, oder 2 mit 3, in engerem Verbande stehe, ob wir pozchur-dorf oder poz-churdorf anzusetzen haben. Betrachten wir einmal churdorf für sich, so können wir hiezu mhd. kurhuobe stf., nhd. kurhube und kurgut vergleichen, welches nach Grimm's Wbch. ein Bauerngut, das der Kurmede unterworfen ist, bedeutet. Kurmede aber wird von Grimm ebenda sowie in seinen Rechtsalterthümern 318 als ein westfälischer Rechtsausdruck erklärt, welcher dasselbe bedeutet, wie anderwärts das Besthaupt, der Hauptfall, das Hauptrecht, der Sterbfall, b. i. eine Abgabe, zuvörderſt ein Stück Vieh, welches der Herr aus dem nachgelaßenen Beſitze eines verſtorbenen Eigenmannes auswählt und wegnimmt. Die Erben des Hörigen waren verpflichtet dieſes Mortuarium dem Herren auszuliefern. Kurmedige werden die dieſer Abgabe Unterworfenen genannt. Somit kann churdorf gebildet wie kurhuobe, ein Dorf der Kurmebe oder dem Beſthaupt unterworfen bezeichnen.

Weiters bedeutet mhd. boze swm. Flachsbündel und geringer ſchlechter Knecht. Ahd. bozzo iſt bei Graff allerdings nur in der erſteren Bedeutung angeführt, aber im O. N. Wintpozzingen sacc. 10. Juvav. 199. Wimpaßing*) bei Straßwalchen, welcher auf ein Appellativ winidpozzo b. i. der ſlaviſche Knecht zurückführt, iſt die Bedeutung Knecht aus älterer Zeit geſichert. Es könnte daher pozchur zu ahd. kuri stf. electio ſoviel ausſagen wie kurmede b. i. die dem Knechte auferlegte Wahl des Beſthauptes und Pozchurdorf das Dorf, welches der pozchur unterworfen iſt. Doch will ich nicht verſchweigen, daß, wenn in pozchur ein alter Rechtsausdruck überhaupt gegeben iſt, derſelbe ſich auf Grund der Kleimayern'ſchen Leſung Pezchurdorf in vielleicht noch befriedigenderer Weiſe erklärte.

Man könnte dann pez zu ahd. baz, as. bat bet, ags. bet melius beßer, mehr, ſtellen, und in pezchur(i) electio melioris rei die Auswahl der Beſtehaupts ſelbſt ausgedrückt finden**).

Daß die Lesearten Kleimayrn's mitunter beßer ſeien, als die Keinz' zeige ich auch unter Buriom; außerdem verſichert der letztere, daß das Pergament der Hs. gerade an Stelle des c oder o im Worte einen Bruch habe***).

Burg.

Ahd. burg stf. urbs. civitas. oppidum. Befeſtigter Platz erſcheint 3 mal.

Und zwar unkomponiert in Purch.

Dann mit dem Genit. explikativus eines Fl. N. in Reganesburch, die Burg an der Mündung des Regen.

---

*) Dieſer O. N. iſt außerordentlich zahlreich verbreitet; im Königreich Bayern allein zähle ich Bavaria V. 25 Ortſchaften dieſes Namens in wechſelnder Orthographie.

**) Ahd. freilich nur baz, aber ſollte pez in den P. N. Peza, Pezo, Pezala Pezili, Pezzman etc. St. P. nicht dazu gehören?

***) Weit entfernt hier mit Sicherheit etwas zu behaupten, gebe ich auch ital. pozzo puteus, der Brunne, welches aus romaniſchem Erbe in Poßbach und Pußbrunn, Dörfer in Baiern, vorhanden ſein dürfte, alſo churdorf an dem potze?, zu bedenken.

Enblich in ächter Composition Salzburc zu ahd. salz stn. so benannt als Stapelplatz des zu Reichenhall gewonnenen Salzes, welches
auf dem Waßer der Salzach ins nördliche Baiern verfrachtet wurde.

Purgunscerin.

Purgunscerin N. XIV. 38. Von Keinz nicht identificiert.
Der Ort ist wohl Purnschern, Dörfchen bei Teisendorf, Weilmeyr,
und zwar um so sicherer, als auch die beiden anderen an dieser Stelle
genannten Arnoldingen und Wildorf bei Teisendorf liegen.
Ich trenne den Namen in Purguns-scerin b. i. Purgunes-scerini
und finde im ersten Theile den possess. Genit. eines P. N. Purguni und
im zweiten den Dativ. Sing. des ahd. scara swf. portio, turba, wovon
waltscara portio agri bei Graff herrührt. Der Name Purguni wäre
gebildet wie Albuni, Dorfuni, Truhtuni, Haimuni, Hroduni, Adalun,
und viele andere St. P.

Wegen des Umlautes in scerin scheint es mir nothwendig, neben
scara ein gleichbedeutendes swf. scaria, scerja, scera anzunehmen, da
der Dat. Sing. von scara scarûn nicht scerin lautet, späteres i aber
für u, welches allerdings eintreten kann, keinen Umlaut mehr bewirkt.
(Vgl. Weinhold. Bair. Gr.) Freilich könnte auch an ahd. scario swm.
conturio, dispensator gedacht und ein purgunscario urbanus, oppidanus
centurio, wie das langobardische hovescario gemutmaßt werden.

Buriom.

Buriom A. VI. 26. Dorf Beuern bei Michaelbeuern.
Buriom ist ein vorzüglich erhaltener Dativ Plur. des ahd. swm.
búrio, belegt in innabûrio, inquilinus, vernaculus, mhd. bûre der Bauer.
Dieses búriom muß mhd. in biuren übergehen, woraus später beuren
sich naturgemäß entwickelt.

An biuren ist die Form in N. XIII. 4, an der zweiten Stelle
zu knüpfen, wo die Salzburger Hs. anscheinend lŵrun, die Münchner
lŵm gewährt, und bi°run, bi°rn, zu lesen, wie denn Kleimayrn auch,
freilich mit falscher Herabsetzung des o, Bivorun gelesen hatte. iv für
iu bezeugt Weinhold in seiner Baier. Grammatik. Die Keinz'sche Lesung
Buorun ist ein Unding. Bi°run hatte, wie ich ersehe, schon Filz „Gesch.
v. Michaelbeuern" gelesen, der auch das an erster Stelle in N. XIII. 14.
stehende prŭn der Salzburger Hs., welches Kleimayrn als prŏun aufgefaßt hatte, conform mit dem in N. XIV. 8. und N. XIV. 47. stehenden
pŭrn derselben Hs., in pûrn emendiert. Den Diphthong freilich hat auch

Filz miskannt, indem er ihn, so wie Keinz als uo auffaßte, während Kleimayrn an der einen Stelle ihn richtig mit ou ansetzt.

Pûrn ist nemlich keineswegs in puorn aufzulösen, was gar keinen Sinn gibt, sondern in pourn*).

Graphische Vertauschung von û und ô, so daß ersteres = ou, letzteres = uo funktioniert, ist in unsern Urkunden sehr häufig, ou aber ist die regelrechte bairische Umgestaltung des älteren û, welches in bûriom vorliegt. Wir haben also 2 Formen biurun, wohl mit jüngerem u der Flexion statt o (vgl. Weinhold Bair. Gr. 357), und pourn, welche gleichmäßig auf ahd. bûrio, bûro (nur in Compos. bei Graff) mhd. bûre der Bauer, der Colone, zurückführen. Das Verhältnis von Buriom zu Bivrun und Pouren ist etwa wie hûsir zu hiuser und hôvser, zu denken. An ahd. bûr, germ. bûra stn. habitatio Wohnung, Haus, Hütte zu denken, wie man mit Schmeller versucht sein könnte, verbietet sich aus dem einfachen Grunde, weil ein Casus auf jom diesem Worte gar nie und nirgend zukommen kann, der Dat. Plur. würde bûrum, bûrun, bûren sein, ein Umlaut des û zu iu, wie in biurun könnte nie eingetreten sein.

Burones.
Burones A. VI. 27. Altenbeuern südl. Rosenheim.

Schon das vorhergehende Buriom habe ich als persönlichen O. N. nachgewiesen. Genau dasselbe Wort liegt hier vor, nur ist es in der Flexion latinisirt. (az) Buriom und ad Burones entsprechen sich auf's genaueste, nur daß im zweiten Worte das j der Ableitung geschwunden ist.

Zu bûro, bûrio, oder lateinisch gedacht bûro, bûrônis, vergleicht sich ahd. gabûr(o) incola, colonus, nähgebûro, vicinus, Graff, mhd. bûre swm. Dieselbe lateinische Form ist auch festgehalten in Puronenses monachi und abbas Buronum St. P.

Puotilingen.
Putilingen N. XVII. Pietling.

Der neue Diphthong ic lehrt, daß früher ein uo entsprochen haben muß, und daß der Name daher kompleter und richtiger Putilingen zu schreiben sei. Enthalten ist der Personalname Puotilo, wozu Puoto bei Graff und Bôdilo bei Fstm. zu vergleichen sind.

Chamara.
Chamara Nom. Pl. und Chameron Dat. Pl. des ahd. kamara

---
*) Vgl. Pören Quellen f. bairische und deutsche Gesch. I. 297.

stf. cubiculum, cella. Wie cella Zell in unsern O. N. auf gemauerte Häuser geht, im Gegensatze zum deutschen Holzhause, so wird auch kamara hier gemauerte Baulichkeiten bezeichnen.

Coafstein.

Caofstein, A. VI. 27. Kufftein.

Aus dem 10. Jahrh. findet sich in der Juvav. pag. 134 die Form Chuofstein.

Mit Keinz lese ich Coafstein indem ich annehme, daß in der Vorlage Coáfstein gestanden sei, woraus der Abschreiber mit falscher Herabsetzung des übergeschriebenen offenen a die unächte Form Caofstein gemacht habe. Coafstein mit älterem Diphthonge oa für uo ist also die ältere Form des O. N. dessen erster Theil in ahd. kuofa stf. dolium Wanne gegeben ist. Der O. N. wird sich demgemäß als Fels mit wannenartigen, muldenförmig gehöhlten Wänden erklären.

Chiemincgaoe.

Chimingaoe A. VI. 19. etc. Chiemgov. N. IX. 4.

Dazu füge ich noch die Formen aus der Juvavia: Chiminchgouue 147, Chieminchovve 181, Chiemincgouue 144, welch' letztere ich in Chiemincgouue emendiere. Chimingaoe scheint mit dem Genit. possess. eines P. N. Chimo i. e. Chiemo zusammengesetzt, während die andern der obigen Formen ersichtlich mit dem Patronymikon Chieming komponiert sind.

Chieminesseo.

Chiminsaeo A. VI. 25. Der Chiemsee.

In der Juvavia Chiemincseo und Chiminoseo 111, Kieminseo 49, Chiemisee 204, Kiemisse 186, Chiminesse 137. Ferner in einer zweiten patronymischen Composition lacus Chieminge N. XIII. 9*) und Juvav. Chiminchseo 170.

Wir werden einen P. N. Chiemo vorauszusetzen haben, dessen Nachkommen die Chieminge, vgl. Chieming westlich am See, sein werden. Die Form Chiminsaeo, welche ein übergeschriebenes e verloren hat, führt direkt auf Chiemo, die Form Chiminchsee aber durch Vermittlung des Patronymikons.

Die Formen Chiemincseo und Chiminoseo könnten in Chieminc Chiminc emendiert werden, da Chieminc natürlich nicht Genitiv von Chiemo sein kann; Schwieriger sind die Formen Chiemis-, Kiemis-, und gar Chiminesse, worin ein stark beklinierter P. N. Chiem. Chimin

---
*) Juvav. liest an dieser Stelle Chiemingo.

auftritt. Dem letzteren könnte dann auch Chiemine-, Chimine- seo, zufallen, wenn man annimmt, daß sie das s des Genitivs graphisch eingebüßt haben.

Chiemis und Kiemis dürften dann nur für Chiemīs, Kiemīs stehen, um ebenfalls einen P. N. Chiemin zu ergeben.

Gewis kann derselbe auch in Chiminsaeo liegen, wenn wieder ein Genitiv s graphisch verloren ist; wir gewännen dann ein Patronymikon Chiemining, woraus Chieming gekürzt sein kann, wie Tuttilingas neben Tuttiliningas bei Graff.

Schwierigkeit bereitet jedoch das vorhergehende Chimingaoe, welches kein s verloren haben, auf Chieminesgaoe nicht zurückgeführt werden kann, sondern einen swm. Namen Chiemo unbedingt zu erheischen scheint, wenn wir nicht annehmen, daß es für Chiminingguoe steht.

Ich schwanke also in Betreff des zu Grunde zu legenden P. N. zwischen Chiemo und Chiemin neige mich aber nach Allem dem letzteren zu.

Kirch.

Ahd. chirihha stf. die Kirche.

Nur 2 Nummern kommen in Betracht.

Pohkirch und Lohkirch, von denen die einen nach ihrer Lage im Buchenwalde mhd. buoch stm., die andre nach ihrer Lage in einem feuchten Haine von nicht näher zu bestimmender Vegetation, ahd. lôh stm. lucus benannt ist.

Cretaha.

Ad Crethica eccl. A. N. 26. Grebig.

Juvavia gewährt außerdem Greticham mit unächter Akkusativendung 169, Grethica 289, Grettich 297, Gretich 299.

Wäre der Name romanisch, so müßte man ihn für ein elliptisches mit icus gebildetes Abjectiv halten. Als Stammwort empfähle sich lat. creta weiße Wascherde, Mergel, Kreide, Thon. Man könnte Cretica scilicet aqua aufstellen, und den Namen auf die bei Grebig fließende Albe b. i. den Albenkanal beziehen, womit ein Waßer mit aufgeschwemmten mineralischen Theilchen gemeint wäre. (Vgl. unsere Kothbäche und Ähnliches.)

Aber es ist die Möglichkeit geboten, den Namen deutsch zu erklären. Crethica kann auf Grund der Ähnlichkeit von ic mit offenem a Crethaa, und mit Versetzung des h Cretaha, gelesen werden. Die späteren Formen aber können aus Gretaha sowohl nach demselben Principe der graphischen Confusion, als auch nach einem anderen, dem der lautlichen Verdünnung

von a zu i erfließen. Zu cret bietet sich ahd. kreta die Kröte, der Frosch, und Cretaha wäre demnach ein von Batrachiern bevölkerter Waßerlauf.
Chruchanperk.
Chruchunperk A. V. 1. Chruchinperch N. II. 10. Kruckenberg bei Regensburg.

Chruchun (vielleicht zu emendieren in chruchan, u für offenes a?) chruchin, ist entweder der Genitiv des Besitzers oder der Dativ Singul. eines beigeordneten Abjektives. In beiden Fällen ist ein Nominativ chrucho b. i. chruccho aufzustellen.

Ich vermag weder das eine noch das andere zu belegen und kann daher nichts entscheiden. Das Wort chrucho selbst möchte ich zum hd. Stamme kruch repere Graff stellen, woher das stv. kriuchan sich krümmend fortbewegen, sowie etwa noch die Substantiva, krucka swf. die Krücke, der Krummstab, Bischofstab, (der umgekrümmte Stab?) und chrucha chruckia chalybs, Stahl, Schwert (der am Griffe oder im Blatte umgekrümmte Stahl?) erfließen mögen.

Man könnte demgemäß ein Abjektiv chruch, chrucch, gekrümmt, krumm, gebogen, aufstellen und chruchinperch als krummen Berg erklären.

Gotisch wäre kruk anzusetzen, das als Nebenform zu german. krup, kriechen, Fick 3., angesehen werden kann. Die Tennis in Kruckenberg und Krücke gegenüber der Spirans in kriechen kann nicht befremden, da wir wißen, daß gotisch k im hochdeutschen in k und ch sich spaltet.
Cucullas.
Ad Cuchil, N. 9. 4. Kuchel bei Hallein. ad Cucullas N. II. 7, 4; V. 2.

An den ersten beiden Stellen steht ganz in der Nähe auch ad Salinas, in Salinis, (zu Reichenhall), während die übrigen O. N. daselbst ganz und gar nicht lateinische Abstammung zeigen.

In loco qui dicitur Cucullos findet sich A. II. 2. Die Tabula Peutingeriana hat 14 Meilen von Ivavo den Namen Cuculle, was entweder Genitiv Sing., wie Artobrige von Artobriga, oder Ablativus Singul. wie Tredente, Ponte Drusi, oder Nom. Plur. wie Aquc Papulanie, in derselben Tabula sein muß.

Die im Jahre 509 verfaßte Vita Severini von Eugippius, Juv. 2., bringt: castellum, cui erat Cucullis, vocabulum.

Nach alledem möchte man das Cuculle der Tabula Peut. für den Nom. Plur. Cucullae halten, wozu das Cucullas der N. als Akkusativ abhängig von ad, sowie das Cucullis des Eugipp. als Abl. Plur. abhängig von einem gedachten in, sich wohl fügte. Cucullos des A. müßte fehlerhaft oder misverständlich für Cucullus stehen. Wir hätten also einen pluralischen D. N. Cucullae wie Aquae Papulaniae oder Aquae Sextiae, oder Salinae in N., vor uns, und cucullae müßte ebenso wie salinae ein pluralisch gesetztes Appellativ sein. Cuculla, cucullus bedeutet nach Forcellini zuvörderst eine Düte, dann eine dütenförmige Kopfbedeckung i. g. Kapuze oder Gugel, mittellateinisch auch eine Mönchskutte.

Ich weiß damit nichts anzufangen, muß aber Steub's Auffassung in Mittheilgg. 21., daß von cucullus unsere Kogel, b. i. runbliche Bergkuppen, abstammen, und daß Cucullis zu den Kogeln bedeute, zurückweisen, insoferne nemlich Kogel nicht von cucullus herkommt, sondern zu germ. kogla Fick 3. gehört, und mit ahd. chugil wesentlich identisch ist. o ist dabei für ŭ eingetreten, wie in woche: ahd. wěhha, oder kommen: ahd. quëman. Daß aber möglicher Weise die lat. Cucullae ebenfalls kegelartige runbliche Erhebungen des Terrains bedeuten, wie sie im Salzachthale bei Golling und Kuchel gefunden werden, soll nicht bestritten sein. Ich hatte daran gedacht, ob nicht Cucullus ein gallolateinischer P. N. sein könnte, der sich verhielte, wie Catullus, vgl. Cato, Marullus vgl. Maro, Tibullus etc. Es ließe sich sodann Cucullis ungezwungen als Ablat. Pl., wie Marciolis, Cucullas als Nom. Pl., wie Marciolas, Cucullos als regelrechter Akkus. eventuell romanischer Nom. Plur. deuten; man hätte sodann den Wohnort der Familie Cuculli vor sich, indessen gerabe die älteste Form der Tab. Peut. Cuculle wiedersetzt sich dieser Möglichkeit.

Cuculana.

Cuculana alpicula ist von Keinz mit Unrecht in das Register gesetzt. Es ist nicht e i n, sondern es sind z w e i Namen. Die betreffende Stelle A. VII. 8 sagt ausdrücklich „Similiter idem dux tradidit . . . alpes in eodem pago IV, ita vocantur Cuudicus et Cuculana Alpicula et Lacuana monte". Ich setze einen Beistrich zwischen beide Paare, und lese Cuudicus et Cuculana, Alpicula et Lacuana monte, von welchen das letztere in Lacuano monte zu emendieren ist. Vier Alben müssen 4 Namen entsprechen, und die werden durch obige Trennung gewonnen. Cuculana und Alpicula haben sich zufälligerweise bis heute erhalten in Gugelanalpe auf dem Schmittenstein, Zillner Culturgesch pag. 151, und Alpichlalpe Gemeinde Abtenau, Specialrepertor. 1883.

Zu beanständen ist auch, daß Reinz Cucullana mit U ins Register setzt, da der Text nur ein l gewährt.

Kapalpach.

Kupulpach N. X. 1. etc. Da zu kupul ein paßendes Etymon durchaus nicht gefunden werden kann, so ziehe ich vor den Namen mit Fstm. in Kapalpach zu emendieren, indem ich annehme, daß beide u aus offenem a misnommen seien.

Kapal stellt sich zu ahd. gabala stf. furca, tridens, und Kapalpach muß wie schon Fstm. vermuthet, einen Bach mit Gabeltheilung bezeichnen, womit ich vollkommen übereinstimme. Nur ergänzen möchte ich, daß wahrscheinlich der gabelförmige Absturz oder Fall eines Baches gemeint sei, welcher das gebrauchte Bild in prägnanter Weise zu Gesicht bringt.

Die Lokalität dieses Gabelbaches ist mir indes nicht bekannt.

Cuudicus.

Cuudicus A. VII. 8. Albe.

Conform zu Lacuana (rectius Lacuano?) monte vermuthet Koch-Sternfeld's Top. Matr. cuudicus mons (romanisch müßte das cundico monte sein), und bezieht die Lokalität auf den Schmidtenstein.

Als Etymon ist uns mittellatein cūdis, is, geboten, welches neben cūdo, onis, für lat. incus, incudis auftritt.

Aus cudis ist mit dem lat. Suffixe icus das Adjektiv cudicus gebildet. Cudicus mons ist also der Amboßberg, und in der That gewährt die Ansicht des Schmidtensteins, namentlich von Kuchl aus, in auffallender Weise das Bild eines Amboßes. Die deutsche Bezeichnung Schmidtenstein (etwa smittīnestein), läuft offenbar auf die gleiche Anschauung hinaus.

Cuudicus aber ist latinisiert und steht für cudico, wie Lacusculus A. neben Lagusculo N.

Tagahardinga.

Tabardinga A. VI. 26. Tagahardingen und Tagahartingen N. XVIII. Tacherting.

Schon Reinz erklärt die verstümmelte Form in A. für einen Schreibfehler. Das ist auch in der That der Fall. Vermuthlich stund etwa Tachardinga in der Vorlage, mit offenem a über dem c, woraus die obige Korruptel sich erklärt. Der Name Tagahard, den ich zufällig nicht belegen kann, ergibt sich aus dem Vergleiche von: Taga—perht,—deo, —lind, sowie Deot—,Chuni—,Eber—hard etc. bei Fstm.

Danublus.
Danubius A. I. 7. etc. Die Donau. Daher Danubiacensis pagus N. II. 10. = Tonahgaoe A. I. 7. etc. Glack Kelt. Namen stellt Dânuvius als korrekteste Form auf, welche neben der vorangestellten erscheint, und sowohl älter als beßer beglaubigt ist. Er leitet den Namen mit Zeuß Gramm. Celt. von kelt. dânu, fortis, audax ab und läßt ihn mit vokalischem Suffixe (ius) fort= gebildet sein. Ahd. Tonouua, Tuonouua, sei eine Umdeutung des Namens, indem von den Deutschen an Stelle der Ableitung das Wort ouua germ. ahva eingesetzt worden, dân aber lautorganisch in tôn, später tuon, verwandelt worden sei. Müllenhoff hat dieß angenommen, und in der Zeitschrift für Deutsch. Alterthum 21. des näheren erläutert. Tuonowe ist belegt bei Graff. Aus Tonahgaoe aber muß die Nebenform Tonaha gefolgert werden, welche der salzburgisch-oberbaierischen Nomenklatur für Fl. N. selbst gemäßer ist als ouua.

Tengililninga.
Tengihilinga A. VI. 26. Der Name ist verderbt. Ein P. N. Tengihil existiert nicht. Es giebt überhaupt kein hil, welches als zweiter oder erster Theil eines komponierten P. N. auftreten könnte.

Ich emendiere in Tengilininga, indem ich annehme, daß die Zeichen= gruppe l ı n, in welcher der zweite Strich des n etwas höher mag aus= gefallen sein, in b ı l verlesen wurde. I ı verband sich zu h und n wurde in ı l aufgelöst.

Zu Grunde liegt demnach der P. N. Tengilin, welcher das Dimi= nutivum von ahd. tangol stm. malleus ist.

Titmaning.
Tietramingen N. IV. 8., in der Münchner Hs. Dittramingen; ist zu tilgen zu Gunsten des ächten Titamaninga, welches die identische Stelle A. VII. 7, darbietet. Tietramingen ist bloßer Lesefehler.

Aber nicht Titamaninga, wie A. hat, sondern Titmaningen, wie es auch N. XIX. 7 steht, wird dem Stile der Notitiae gemäß an obiger Stelle einzusetzen sein.

Diezzen.
Super Diezzen N. XIX. 4. bei Törring.
mhd. dieze swm. bedeutet Wirbel, Getöse, ahd. wazardiozo swm. geradezu Waßerfall.
Super Diezzen, in der obigen Stelle, heißt also am Waßerfalle. Welchem Bache derselbe angehöre weiß ich nicht.
Bavaria V. verzeichnet einen Dieselbach, der in die Weiße Traun fällt, einen Dieffenbach in die Ilz fallend ec., wovon selbst der erstgenannte nicht zu taugen scheint.

Diumundinga.
Timutingen N. XX. Deinding an der Alz.
Die Salzburger Hs. schreibt 3mal Dimutingen, einmal Dimuo . . ., und in der Überschrift Ti . . .; Die Münchner zweimal dimuttingen, dann bloß d. Eine alte und gute Form aus dem 9. Jahrhundert bietet Juvavia pag. 82 Diumundinga. Daraus erklären sich die obigen verstümmelten Formen, welche sowohl ein über das i gesetztes e, als auch einen Strich über dem u eingebüßt haben. Es ist herzustellen: Dĭmŭtingen oder Tĭmŭtingen. Ganz falsch aber ist Dimuotingen, welches Reinz an der einen Stelle ansetzt und auch ins Register nimmt. Was es mit der verderbten oder gekürzten Form Dimuo . . . für eine Bewantnis habe, müßte die Einsicht in die Handschrift lehren; zur Aufstellung eines Dimuotingen berechtigt sie ganz bestimmt nicht*). Für die unmittelbare Vorlage der Salzh. Handschrift ist also Dĭmŭtingen anzusetzen; uo in Dimuo . . . möchte etwa, wenn es wirklich so dasteht, aus ŭ missnommen sein, welches für einfaches u steht, wie Ebermŭnt in der Münchner Hs. für Ebermunt der Salzburger Hs. in N. XVII. 3.

Tinnilinbach.
Tinnilbach N. VII. 1. Dindelbach.
Verkürzt aus älterem Tinnilinpach Juvavia 352, welche Form für den ursprünglichen Text der N. ebenfalls gefordert werden muß.
Tinnilpach wird aber vielleicht nicht auf graphischem Wege korrumpiert sein, sondern auf lautlichem, und eine jüngere Sprachform darstellen.

Dorf.
Germanisch thorpa n., vielleicht verwant mit lat. turba Getümmel,

---
*) Man kann eine Diphthongierung des u vor n in uon annehmen, welche sich z. B. auch in Ostermiethiug aus dem P. R. Ostarmunt eingestellt hat. Man müßte sodann Dĭmŭntingen ansetzen. Jedenfalls aber darf der Nasal nicht vernachläßigt werden.

Getöse, Menge, Haufe, Rotte, wird von Fick mit der ersten Bedeutung „Gehöfte" angesetzt, woraus die gegenwärtige Bedeutung von einer Reihe von Gehöften mit verschiedenen Besitzern sekundär entwickelt sein muß. In unsern Ortsnamen, welche zumeist mit dem possessivischen Genitiv eines P. N. gebildet sind, bedeutet das Dorf wohl zunächst die Niederlaßung eines freien Mannes mit seinen Hintersaßen, wobei die Zahl der Gebäude zunächst nicht in Betracht kommt*). Mit dem Genitiv des Besitzers sind gebildet:

Perndorf, Pero M. B. 2.

Chessindorf, kaum für Chezzin — wie Fstm. will von Chezzo, Graff, da doch die Hss. der Notitiae, wo das Wort erscheint, noch nicht ss für zz setzen. Vgl. etwa Cassio St. P.

Chomindorf, zu dem P. N. Chomo Fstm., der vielleicht als swm. Substantiv aus quāman, choman, venire, aufzufaßen und nicht mit Fstm. unter guma zu stellen ist.

Tusindorf, zu einem P. N. Tuso, dessen Genitiv auch in Tusinberch liegt. Der erste Theil in den Compositis Tusolf und Tusaman Förstem. ist wohl identisch.

Ezzindorf, Ezzo, M. B. 1.

Vohendorf, Voho, Kr. Urk. 18.

Liubilndorf, Liubilo, Fstm.

Liubindorf, nach Keinz' Ansatz im Register mit dem vorangehenden identisch und durch Ausfall von l verkürzt (?) oder zu einem P. N. Liubo, d. i. die swm. Form des Abjektivs liub, carus.

Silungesdorf, zu einem P. N. Silune, wozu Siliheri St. P. und Silhard Fstm. verglichen werden mag**).

Ursesdorf (emend). zu einem P. N. Urs aus lat. Ursus N.

Walchsdorf, Walach M. B. 1.

Nach seiner Lage ist benannt:

---
*) Daß die Gebäudezahl jedoch häufig im Plural zu denken ist, beweisen die O. R. auf dorfa, d. i. der Nom. Pl. des stm. dorf. Nicht den Sinn Dörfer nach heutiger Geltung des Wortes kann dieser Plural haben, sondern nur den Sinn: Häuser, Wohnstätten, von je einem Hörigen des Dorfbesitzers bewohnt.

**) Silung ist abgeleitet wie Adalunch, Altunch, Pillunc etc. in N. Die Silingae Volksname bei Graff könnten zum Stamme verglichen werden. Zahlreiche P. N. auf unc in St. P. machen es wahrscheinlich, daß hier eine specifische unter dem Einfluße des folgenden Nasals erfolgte Verdumpfung des ableitenden inc vorlag, welche nicht streng patronymisch ist, wie Anthering, Hrodhering etc. in den betreffenden O. R. (f. ing), sondern mehr appellativisch.

Hohindorf, welches heute richtiger Hehndorf statt Hennborf geschrieben würde, wie auch Hehnhart = Hohinhart besser wäre statt des gebräuchlichen Hennhart; zum Abj. hôh, hochgelegen.

Steindorf. Wohl nach seiner Lage auf steinigem Grunde.

Nach Vegetationsverhältnissen:
Nuzdorf, unter Nußbäumen.
Rordorf, im Rohre.

Nach Verhältnissen der Fauna:
Urdorf, mhd. ûr stm. der Auerochse und etwa auch Walardorf baier. Waller, Silurus glanis.

Saldorf erläutert sich aus ahd. sal stn. Haus, Wohnung, Saal und würde etwa auf ein größer angelegtes Gebäude gehen, zu herrschaftlichem Aufenthalte geeignet. Von der Saale, wozu Jstm den O. N. stellt ist gar keine Rede, denn die Saale ist wohl gut eine Meile entfernt.

Wildorf, wozu wilari der Weiler ahd. hwīla mhd. wîle die Rast, ahd. weilen rasten, verbleiben, verglichen werden mögen, wird ebenfalls als Rastort, als Absteigequartier sich charakterisieren.

Unsicher bleiben:

Pozchurdorf, welches aus 3 Nominibus zusammengesetzt erscheint, sowie die von Keinz zusammengelegten Jubindorf und Eondorf, worüber ich in besonderen Artikeln handle.

Torlinheim.

Torleheim N. V. 3. Torlheim N. XIX. 7. An der zweiten Stelle las Kleimayrn in der Juvav. Tobeim, während er an der ersten Stelle nicht abweicht. Aus der Münchner Hs. merkt Keinz keine Abweichung an. An erster Stelle schenkt Herzog Theobebert ecclesiam cum territorio, welche Schenkung in A. fehlt, an der zweiten schenkt der Freie Gothalm sein Eigenthum daselbst. Aus dieser Stelle geht auch hervor, daß Torlcheim bei Törring und Titmaning liegen muß. Ich erwäge, daß Torlheim sich verhalten könnte wie Tinnilpach (s. das.) zu älterem Tinnilinpach; wir gewännen dann ein Torlinheim geschrieben vielleicht Torlīheim, woraus die Form Torlcheim an der Spitze resultieren könnte, wenn ī als e gelesen wurde, wobei es nicht ausgemacht ist, was die Endsilbe von torlīn oder torlin eigentlich sei, Suffix oder Flexion. Ich weiß damit noch nichts anzufangen, jedenfalls aber ist Koch-Sternfeld's Deu-

tung auf Tyrlaching Deorlekingas ganz unzuläßig. Gäbe es einen P. N.
Torilo, den ich nicht finde, so könnte Torilinheim Possessivapposition sein.

Druna.

Druna A. VII. 11. Troun (emend). N. IV. 7. Die bair. Traun
Nebenfluß der Alz. Trouna (emend). N. XV. 1. Die österreich. Traun
Nebenfluß der Donau.

Weder romanisch noch deutsch noch keltisch wird ein zu drûna stimmendes Appellativ in den Lexicis gewährt.

Ich ziehe europäisch dhvar und dhru stürzen, hervorlaufen, springen, Fick I. 640 an, und vermuthe ein Adjektiv drûnos stürzend, springend. Drûna scil. aqua wäre demgemäß die stürzende, und das paßt auf die österr. Traun, welche ein starkes Gefälle hat, zwischen Goisern und Ischl den „Wilden Laufen" und bei Roitham den Traunfall bildet, sehr gut.

Über die Nationalität der Traun will ich ein apodiktisches Urtheil nicht wagen, jedoch möchte ich bemerken, daß Fick das got. drus, fallen, herabfallen als eine Weiterbildung des europ. dhru erklärt, wonach die Möglichkeit den Namen Drûna dem deutschen Sprachschatze zuzuweisen umsomehr nahegerückt wird, als wir in dem Adjektiv brûna braun Verbalstamm bru brauen Fick. 3. ein ganz analog gebildetes Adjektiv besitzen.

Weiters mag noch verglichen werden germ. tûna Zaun zu tu stark sein, rûna Geheimnis zu indog. ru tönen Fick 3.

Trunwalha N. IV. 7. Traunwalchen ist ein Compositum von Drûna die Traun und ahd. walah stm. der Romane. Also die an der Traun sitzenden Romanen. Trunwalha ist Nominativ Pluralis, wogegen die heutige Form der Dativ Pluralis ist.

Zu emendieren ist:

Truon N. IV. 7 etc. Die baierische, ebenda XXIV. die österreich. Traun. Zur letzteren Stelle bietet die Münchner Hs. die Form Trun. Druna gewährt in älterer Form der Jubilulus, ebenso steht in N. IV. 7 neben Truon der O. N. Trunwalha mit û.

Truon ist zweifellos falsch und herzustellen in Troun mit dem aus altem û entwickelten jüngeren Diphthong ou, der heute in au sich aufgehellt hat. uo hat hier gar keinen Sinn und ist wohl aus der Schrift. form ů zu erklären, unter welcher das aus û entwickelte ou in manchen unserer Urkunden, so z. B. im Schenkungsbuche der Propstei Berchtesgaden, in den „Quellen zur baier. und deutsch. Gesch. 1." auftritt, während in merkwürdiger Correlation der Diphthong uo daselbst zumeist o geschrieben ist. Auch im Verbrüderungsbuche von St. P. findet sich dieses o, welches beileibe nicht als ou aufzufaßen ist.

Dundilabrunno.

Dundilabrunna. A. VI. 18. Dirlbrunn. Vielleicht ist Di'lbrunn zu sprechen, was auf Di˜'l, Din'l, Dündelbrunn führen kann. Anders müßte ich nicht die moderne Form mit der alten in Einklang zu bringen. Der Endbuchstab des Wortes wird übrigens in o zu emendieren sein, da es keinen Casus des ahd. brunno swm. giebt, welcher bloßes a besäße. Möglicherweise könnte auch ein Strich überm a verloren sein, was dann den Dativ brunnan ergäbe, aber ich ziehe doch vor Dundilabrunno zu korrigieren.

Den ersten Theil des Wortes stelle ich zu germ. dunja dröhnen, tönen askr. dhunaya rauschen, rauschend fließen Fick 3. und supponiere ein Abjektiv dundil, welches durch ein Substantiv dund clangor, sonitus, strepitus vermittelt sein und tönend, dröhnend, rauscheud bedeuten muß.

Dundilabrunno ist also der rauschende Brunne.

Turtin.

Turtin A. VI. 28. angeblich Ober-Türken an der südlich. Grenze Niederbaierns. Der Name ist der einfache Dativ Singularis eines P. N. Turto, wozu Graff das fem. Turta thatsächlich gewährt.

Genau wie dieser Ortsname verhält sich Liubin A. VI. 28 angeblich Loinbruck als Dativ eines P. N. Liubo, wozu aus Fstm. das gotische swm. Liuba sowie das hd. Liupo zu vergleichen sind.

Heute würden wir sagen beim Türken, beim Loiben, ganz ähnlich wie wir den Ortsnamen „beim Seehansl" Sp. Rep. haben.

Ellesnawanc.

Ellesnawanc A. IV. 2. Eselwanch N. VII. 1 und 7. Elsenwang bei Thalgau. Im Weilmehr'schen Lexikon volksthümlicher Elsenweng.

Die Form der N. steht an identischer Stelle, so daß an der Zusammengehörigkeit mit der des A. nicht im mindesten gezweifelt werden kann. Sie ist daher einer Emendation bedürftig, und wird in Eleswanch restituiert werden müßen, indem l und oberlanges s zweimal verwechselt wurden. Ich gewinne also für das erste Wort des Compositums die Formen ollesna, eles und elsen, von welchen die Erklärung auszugehen hat.

Ellesna verhält sich nun augenscheinlich, wie das Abjektiv pirchna im später folgenden O. N. Pirchnawanch, und muß, wie dieses aus pirchîna, kontrahiert sein aus einer volleren Form ellesîna. Ferner wie pirchîn betuleus aus dem Substantiv bircha f. betula geleitet ist, so muß das Adjektiv ellesîn auf ein Substantiv ellesa zurückführen, welches wie jenes wahrscheinlich ein Pflanzenname sein wird. Derselbe wird uns im baierischen wirklich dargeboten. Die elsen, elzen (Schmeller), der elsenbaum (Schöpf Tir. Jdiotikon) der elsebeerbaum (Höfer Etymolog Wb.,) prunus padus, der elsenboum dasselbe bei Lexer im Nachtrag aus Hans Vintler's Blume der Tugend v. J. 1411 beigebracht. Leider ist dieser Beleg der älteste, welchen ich kenne und ein mhd. else ahd. ellesa stf. ist ganz und gar vermißt.

Trotzdem möchte ich auf dieses Wort nicht verzichten und es lieber einem Zufalle zuschreiben, daß uns ein zweifelloser Beleg in der alten Sprache mangelt. Ellesa mit einer Verdopplung des l, welche ich nicht durchschaue, führte wol auf ein älteres alisa, und dazu stimmt merkwürdig das germ. alsa, alesa Erle, Eller alnus Fick 3., welches ja wohl gotisch aliza stf. sein müßte, wobei ich allerdings nicht übersehe, daß in allen germ. Dialekten, die das Wort überhaupt gewähren, das s in r übergegangen ist.

Das Wort ist um so schwieriger, als wir einen anklingenden Pflanzennamen elsen alsem Grimm Wbch. ahd. alahsan (oder alansan?) Graff artemisia absynthium besitzen, woher möglicherweise unser elsenbaum prunus padus, der mundartlich in Oesterreich auch Elexen Alexenbaum heißt, deriviert sein kann, so daß die Vermuthung eines ahd. ellesa stf. prunus padus entfiele. Ja ellesna könnte dann auf alahsna elahsna zurückführen und der „Wang" könnte mit artemisia bewachsen gewesen sein.

Ich bringe leider keine Klarheit in diesen Namen, bei welchem schließlich sogar das ahd. Abj. ellinsîn hyaeninus, was anf Iltisse gehen kann, zu bedenken sein dürfte.

Ellinchove.
Ellinchove. Dativ Sing. wohl aus älterem Ellingôhove mit dem possess. Genit. des Patronymikons Ellingâ vom P. N. Ello Fstm.

Enus.
Enus A. V. 7. etc. der Inn. Bei Tacitus Aenus, bei Ptolemaeus Αἶνος, verengt und gekürzt im Diphthonge bei Arrian Ἔνος, Oenus bei Venant. Fortun. Zeuß „die Deutschen" 13. hält den Namen für kelt., wogegen ich nichts einwenden will. Die Deutschen haben den Namen wohl aus dem Munde der Breones im Innthale, welche nach dem Zeugnisse Aribo's

romanifdj rebeten unb fdjon ju Anfang bes 7ten Jahrhunderts unter ber Botmäßigfeit ber Baiern ftunben (vgl. Zeuß 587).

Aus romanifchem Eno haben bie Deutfchen erft En, bann mit Verbünnung bes e Inn gemacht.

Eondorf.

Eondorf A. III. 2. im Salzburggau.

Von Reinz mit Jubinborf zufammengeworfen und auf Eugendorf bei Salzburg gebeutet.

Ich acceptiere bie Ibentität von Eon— mit Eugendorf, in ber Volfsfprache Oigndorf, trenne aber bas anbere ab.

Eugenborf, fchon 1407 zu Ewgendorf Salzb. Mitth. 13, vereinigt fich mit Eondorf in ber Weife, baß entweder bas erftere ein unorganifches g eingefchoben, ober bas zweite ein g graphifch verloren hat.

Ich ziehe bas erftere vor und vergleiche ben P. N. Euo A. beffen Genitiv Euan ober Euin in Eon ftecken muß.

Feld.

Das Wort feld stn. vertritt befanntlich, wie wir auch aus feiner Ableitung bei Fick 3. unb Verwantfchaft mit bem flavifchen polu offen, entnehmen, ben Begriff: weites, offenes, ebenes Land mit nieberer Vegetation, vorzugsweife Gräfern beftanben, ohne nennenswerthen Baumwuchs. Nur 4 Nummern fommen hier in Betracht.

Albinsvelt in älterer Form Alpunesveld M. B. XXVIII. 2, 33. mit bem poffeffivifchen Genitiv bes P. N. Alpuni St. P.

Duringveld, welches ich aus Duringsveld verfürzt fein laße, ba ich abjeftivifchen Charafter ber ing Ableitungen, welchen Fftm. Nbch. 2 zuweilen finbet, zunächft nicht anerfenne, mit bem poffeffivifchen Genitiv bes Plurals Duringâ, bem Volfsnamen ber Thüringe.

Ratfeld zu ahd. rato mhd. rate swm. ber Raben, lolium, zizania ift nach ber Vegetation benannt, welche bas Feld bebecft. Enblich Salafelda, nach bem Fl. N. Sala.

Figun.

Figun N. X. 5 unb XIV. 10. Figaun bei Hallein, mit Fuginas, Fügen in A. VI. 26 nicht ibentifch. Der Name ift romanifch aus bem Etymon lat. vicus ital. vico Häuferreihe, Dorf, mit bem Augmentativfuffire ital. one gebilbet. Vicûne Figûn bebeutet fonach ein größeres Dorf. Romanifch v wirb regelrecht zu bairifchem f, bas bem ital. one entfprechenbe un aber vofalifiert fich bem gemein neuhochbeutfchen Gebrauche entsprechend in aun. Entsprechungen sind nicht selten, wie ital. castrone, Hammel, mhd. kastrûn, ital. cappone, mhd. kappûn, nhd. Kapaun und anderes. c erweicht sich zu g.

Die Kirche zu Fuginas A. VI. 26, im Salzburggau genannt, zwischen Ehing und Gröbig in dem an dieser Stelle gegebenen Verzeichnisse, wird von Keinz in Übereinstimmung mit der Juvavia pag. 26 Note auf Vigaun gedeutet und zu dem Ende die Emendation Figunas vorgenommen. Ich muß diese Emendation bedenklich finden, welche in meine Deutung nicht hineinpaßt, denn wenn ich schon ein f. vicuna zugestehen könnte, so wäre die Flexion as doch ganz und gar unbegreiflich. Schon Resch hat in den Annal. Sabion. I. 723. Fuginas als Fügen im Zillerthale erklärt, und ich schließe trotz Kleimayrn's Zurückweisung an der citierten Stelle der Juvavia mich dem an, indem ich annehme, daß Fuginas aus dem folgenden Verzeichnisse der Kirchen des Gaues Intervalles auf irgend eine Weise unter die des Salzburggaues gerathen sei.

Filusgaoe.

Filusgaoe A. V. 2. Der Gau ist nach der Vils benannt, welche bei Passau in die Donau fließt.

Eine zweite Vils die Nordfilusa M. B. 28 in der Oberpfalz, dem alten Norbgau, vereinigt sich mit der Naab und fällt oberhalb Regensburg in die Donau*).

Der Fl. N. Vilusa Filusn 776 und 888 Urkdb. v. O. Ö. I., Filisa M. B. XXXI. 159 dürfte wohl deutsch und etwa als elliptisches Adjektiv filusa scilicet aha aufzufaßen sein. Ich vergleiche das deutsche Adjektiv vizus, astutus, callidus, später vizis vizes, Grimm Gr. II. in Betreff der Ableitung.

Zum Stamme aber möchte ich germ. fal $\pi \epsilon \lambda \varpi$ $\pi \epsilon \lambda o \mu \alpha \iota$, wenden, sich bewegen, Fick 3. anziehen, woraus ein Adjektiv filus mit der Bedeutung sich wendend, bewegend, gebildet sein kann.

Ganz auffallend stimmt zu Filusa das slavische als Wasserbenennung häufige pleso, palus, stagnum, vortex, vorago (Miklosich Ortsnamen aus Appellativen II)., zu welchem Filusa die regelrechte deutsche Verschiebung sein kann.

---

*) An dieser haftet der Name zuerst und wird später übertragen auf den Fl. südlich der Donau den Gang der baierischen Kolonisation von Nord nach Süd ebenso deutlich veranschaulichend, wie die jüngere österreichische Traun zur älteren baierischen Traun den Weg der baierischen Besiedlung von West nach Ost aufzeigt.

Fluhte.

Fuohte N. XIII. 12 Feuchten (welches?) im Salzburggau. Es ist nicht einzusehen weshalb hier Keinz Fuohte in den Text setzt, da die Handschriften Feuchte M. und Fiuhte H. gewähren, wovon die letztere zu ahd. fiuhta, pinus vorzüglich stimmt, während Fuohte ganz sinnlos ist.

Fiuhte ist übrigens, wie der heutige Dativ Feuchten erweist, der kollektivische Nominativ Pluralis.

Gaizjoberch.

Gaiz loberch A. VII. 8. Keizberch N. IV. 10. Der Gaisberg bei Salzburg. Die Form des Indiculus ist eine unsinnige, welche ich mit vollkommenem Rechte zu emendieren suche.

Ein oberlanges z, das mit einem l konfundiert werden kann, bietet sich in Handschriften des 12. Jahrhunderts. Dieses z hat oben links und unten rechts einen Hacken gleich dem stenographischen u, von welchem in unserm Namen der obere erloschen sein kann. Daher möchte die Lücke zwischen z und l, welche Keinz sogar im Drucke durch einen ausgesparten Raum des Satzes bezeichnet, herrühren; der untere Haken aber konnte sich mit folgendem ı (i) zu anscheinendem o verbinden.

Wir gewännen somit die Form Gaizziberch. Einfacher noch scheint es mir aber die Lücke außer Acht zu lassen und statt l ein i zu lesen, wodurch sich die Composition mit dem Genitiv Pl. Gaizioberch, mons caprarum herstellt.

Garez.

Garoz, cella A. V. 7. villa A. VI. 22. Gars, Kloster und Ortschaft am Inn. Die Quellen für baier. und deutsche Geschichte gewähren 1. 247 hiefür die Form Gariza, welche vollständiger und ächter erscheint. Derselben entsprechend emendiere ich Garoz in Garez, da e und i, nicht aber o und i lautlich wechseln können. Graphische Confusion von e und o hat hat nichts Auffallendes. Der Name ist zweifellos romanisch aus dem Etymon lat. carex, ital. carice, Riedgras mit dem Abjektiv bildenden Suffixe ius abgeleitet. Nehmen wir an, es sei, was allerdings nicht sicher behauptet werden kann, das primär zu ergänzende Substantiv gegeben in cella selbst, so erhalten wir caricia cella d. i. Zell im Ried, im Rohr. Die Erweichung von c zu g aber ist eine auf dem romanischen Gebiete so gewöhnliche Erscheinung, daß darüber kein Wort verloren zu werden braucht.

Das Dorf Carez in Tirol wird etymologisch mit dem obigen emendierten Garez in seiner Eigenschaft als elliptisches Abjektiv vollkommen übereinstimmen.

Die Erzählung der Erbauung der Zelle zu Garez durch den Priester Boso unter Tassilo A. V. 7. macht es aber wahrscheinlicher, daß zu Gariza nicht cella zu ergänzen sei, sondern daß der Name schon zuvor an der Lokalität haftete.

Gauui.

Ahd. gauui, gotisch gavi stn. bedeutet zunächst Landschaft, Gegend schlechtweg, dann aber auch größere abgegrenzte Verwaltungsgebiete der staatlichen Organisation, Kreis, Bezirk, Gau. Bei den hier zusammengefaßten Compositis begegnet der ältere einfachere Werth noch in Pongauui, Talagaoe und Westergov, während die übrigen als Bezirke eingeführt werden. Nach Flüßen, welchen entlang sich diese Bezirke erstrecken, sind bezeichnet:

Adragaoe, Tonahgaoe, Drungaoe, Filusgaoc, Isanagaoe, Matagaoe und Rotagaoe.

Nach der Haupt- und Centralstadt des Bezirkes: A(u)gustgaoe und Salzburchgaoe.

Nach geographischer Orientierung und Lage: Sondrogaoe und Ufkov.

Nach alten Personen oder Familien als Organen staatlicher Verwaltung:

Chimin(c)gaoe und Opingaoe.

Nach Verhältnißen der Vegetation: Pinuzgaoe.

Von den 3 ausgehobenen Namen, wo nur der Begriff Gegend durch gauui vertreten wird, ist Pongauui besonders behandelt. Talagaoe ist nach der Relation der Bodensenkung, Westergov nach seiner geographischen Orientirung benannt.

Gauzo.

Gauzo alpis A. I. 6., N. II. 7. Ein romanischer O. N., der mit Gaißau ganz sicher nicht das mindeste zu thun hat.

Ich trenne Ga—uzo und finde im zweiten Theile das Suffix uceus. Vielleicht ließe sich der Name faßen als Cavuzo, lat. cavum Höhle, Felsloch, und als von Steinwänden eingeschloßenes Terrain erklären. (Etwa wie Hollenstein!)

Glana.

Glana N. XII. 3. Die Glan bei Salzbnrg. Dieser Fl. N. wurde von jeher keltisch erklärt, da es ein keltisches Abjektiv glan rein, lauter, schön giebt, welches als Flußname auf unbestritten keltischem Boden auch heute noch häufig ist und in Parallele zu dem gleichbedeutenden deutschen Illûtra gesetzt werden kann. Das Wort lautet nach Williams Cornish Dictionary Cornisch, Irisch, Gaelisch glan Manx glen Welsch und Armorisch glân und entspricht formell wie in Hinsicht der ursprünglichen Bedeutung dem englischen clean, deutschen klein.

Das Wort ist als Fl. N. in Deutschland sehr verbreitet und wird in Urkunden auch mit anlautendem c, ch geschrieben gefunden, wie Clana, Chlana bei Förstemann Nb. II. In dieser Schreibung erscheint es auch als componens anterius in zwei P. N. Clanaheri saec. 9. und Clanbert saec. 8. Förstem. Nb. I.

Wäre nun clan, chlan die ächtere und beßere Schreibung, für welche glan in unseren Fl. N. uneigentlich stünde, was durch den Einfluß der folgenden Liquiba sich erklären ließe, so könnte man wohl auch vermuthen, es sei ein germanisches Abjektiv klan gleichbedeutend mit keltischem glan eine einfache Entsprechung, nicht aber eine Entlehnung aus dem letzteren.

Belegbar ist dieses Abjektiv freilich sonst nicht, denn ahd. kleini an. klên ags. claene glänzend, dünn, zart, klein ist keine direkte Vertretung, sondern eine Fortbildung aus einfachem klân, welche ich mir erkläre durch Eintritt eines ableitenden j in die Stammsilbe, klain aus klanja, ganz so, wie bekanntlich das Abjektiv hails heil (i) aus halja (Sanskrit kalya heil entstanden ist*).

In Fl. N. wird das Abj. klan vorzugsweise die Durchsichtigkeit des Waßers bezeichnen.

Ich will deßenungeachtet das Wort nicht als ein deutsches in Anspruch nehmen, sondern es dem keltoroman. Organe belassen und zwar um so mehr, als wir in Glanicle eine ersichtlich romanische Weiterbildung des Wortes vor uns haben.

Glaniculo.

Glanicle rivulus N. XII. 1. Statt e möchte am Ende des Wortes o zu lesen sein, wodurch ein Fl. N. Glaniculo scilicet rivulo, kontrahiert

---

*) Auch ahd. feili adj. feil venalis entsteht durch Eintritt eines ableitenden j in die Stammsilbe und ist um so interessanter, als neben dem sekundären feili aus falja noch das einfachere ahd. sali an. falr belegt ist. (v. Fick 3.)

Glaniclo, hergestellt wird, der als Diminutivum zu Glana sich verhielte, wie Monticulus A. VI. 12 zu mons oder Lagusculo N. VII. 1 zu lacus. Möglich wäre übrigens auch, daß e nicht graphisch mißnommen, sondern in mhd. Zeit lautlich aus älterem o entwickelt sei, konform der bekannten Schwächung, welche ja die auslautenden o der älteren Zeit in dieser Periode trifft. Verlesenes o für e habe ich umgekehrt auch in Gares aufgezeigt.

Jedenfalls ist Glanicle ein besonderer Bachname und mit Glana nicht identisch. Wäre er heute noch erhalten, so müßte er Glanigel lauten wie Monticulus Muntigel.

So wie die sprachliche Beziehung von Glanicle zu Glana nicht abzuweisen ist, so wird auch örtliche Relation wahrscheinlich gemacht. Ich vermuthe, daß Glanicle etwa der links in die Glan mündende Glanfelbbach sein könnte, den man nach bekanntem Vorgange als Kleine Glan auffaßen dürfte.

Glasa.

Glasa N. IV. 3. Glas bei Salzburg am Glasbache. Südlich benachbart liegt die Ortschaft Glasenbach an einem anderen größeren Bache, welcher auch Klausbach heißt.

An urkundlichen Formen späterer Zeit verzeichne ich Glás, Gláz, Glaserpach und Glasserpach saec. 14. Mitthlgg. 23.

Ich bin nicht sicher, welchem der beiden Bäche Glasa angehört, aber das Wort wird wohl in jedem Falle Bachname sein und es ist nur die Frage, welcher Sprache es zufalle.

Das lateinisch—romanische Lexikon gewährt keine Anknüpfung. Wohl aber bieten keltische Sprachen ein Adj. glas, Welsch, Armor. glâs Ir. glas Manx glass dessen Bedeutung in Williams Corn. Dict. mit blau, grau, grün angegeben wird, Farben, die zur Bezeichnung eines Waßers sich trefflich eignen und bekanntlich auch im Deutschen vielfach verwendet sind. Da wir nun in der Thalöffnung der Salzach, zwischen Golling und Salzburg, thatsächlich eine große Anzahl romanischer O. N. nachweisen und Reste römischer Bauten, so auch gerade bei Glas, aus der Erde graben, wäre es immerhin denkbar, daß der Bachname Glasa mit einem gallischen Etymon benannt sei, welches durch Vermittlung des romanischen Organes zu uns heraufkam.

Ein deutsches Adjektiv glas, wonach der Bach benannt sein könnte, wie etwa die Taukel saec. 15 Mitthlgg. 13. heute der Taugelbach von abd. tougal **Abjektiv** obscurus, occultus, haben wir nicht, es müßte erst konstruiert werden. Unmöglich wäre dieß nicht. germ. **glasa** n. **Glas** und glans Glanz zu gal gelb, grün sein Fick 3. gestatteten immerhin ein deutsches Abjektiv glasa glâsa oder glasja glänzend oder gelb, grün ꝛc. aufzustellen, ich will aber hier nichts weiter entscheiden.

Hal.

Hal zu abd. halla f. aula, templum, salina. Hier wie so oft in unseren O. N. nur im Sinne des letzteren, also = Salzsiedehaus.

Hegilin.

Hegilin N. X. 5 etc. Die Juvavia gewährt in zwei Stellen aus dem 10. Jahrh. die Form Hegilo, in monte Hegilo vocato pag. 128 und in loco Hegilo nuncupato pag. 155.

Die vorangestellte Form ist also der Dativ Sing. des swm. hegilo, welches Wort als Diminutivum zu mhd. hac stm. umfriedeter Wald sich repräsentiert.

Man hüte sich wohl dasselbe mit nhd. Hügel zu konfundieren, denn obwohl an der Stelle pag. 128 der Hegilo mons genannt wird, so liegt doch keineswegs die Vorstellung der Bodenerhebung in dem Worte, sondern nur der Begriff der Zäunung, und es ist einfach lokale Uebertragung, wenn wir heute unter Johannes- und Ulrichshögel westlich von Salzburg hügelartige Bodenerhebungen verstehen.

Heim.

Die Bedeutung des Wortes als Heimstätte, Wohnort ist bekannt. In unseren O. N. vertritt es wohl den Sinn: Niederlaßung eines einzelnen Colonisten ohne Hörige oder aber, wie in Schalkham, von ihrem Gebieter getrennt angesiedelter Knechte, während Dorf den Wohnort eines freien Mannes mit seinen untergebenen Unfreien bezeichnet, Haus aber zunächst überhaupt nur ein Gebäude benennt, ohne Rücksicht auf seine Bewohntheit oder den socialen Charakter seines Besitzers.

Nur 5 Nummern verzeichne ich, Chirchaim, abd. chiricha die Kirche, in lokaler Relation.

Metumunhaim etwa Metumanhaim zu emendieren, zusammengesetzt mit dem Dativ Sing. des ahd. Superlativs mittamo medius der mittlere also gleich „zum mittleren Heim".

Richinheim zu ahd. rîchi Abj. reich, möglicherweise auch durch Vermittlung eines P. N. Rîcho St. P.

Stamheim zu ahd. stam stm. stirps, truncus bedeutet wohl eine Örtlichkeit, wo Stämme geschlagen werden.

Torlebeim (S. bes. Artikel) ist noch unklar.

Holz.

Frumholz Frohnholzen (?) und Holz Holzza mehrmals. Der Casus ist hier jedesmal der Nomin. Plur., älter und vollständiger in Holzza, jünger und abgeschliffener in Holz. Der Plural wirkt kollektivisch und drückt Gehölze aus. Frumholz haben Fstm. und Grimm Wbch. als einen Ort ausgelegt, der früher von Holz bestanden war, ein altes Gehölze. Das wird nicht zutreffen. Frumholz zu ahd. frum tüchtig, brauchbar wird vielmehr mit silva bona in unsern Urkunden sich decken. Frohnholzen aus Frumholz, wenn richtig identificiert, wäre eine volksethymologische Pseudomorphose.

Einige andere Waldnamen seien unter einem abgehandelt:
Poh und Puoho, sowie Tanne Dative Sing. zu mhd. buoch und tan stm. Buchenwald und Tannenwald. Fiuhte N. Pl. zu ahd. fiuhta stf. die Fichte.

Endlich hagenpuha kein O. N. im strengeu Sinne, sondern noch appellativisch, wie aus der Stelle fagus quod dicitur h. hervorgeht, zu ahd. hagan, die Hainbuche oder vielleicht noch ursprünglicher die Grenzbuche, wie hagenciche bei Fstm.

Holzhus in hein.

Holzhusinhein N. XX. 2. So setzt Keinz an und findet es auffällig, daß die Handschriften Holzhus in hein gewähren.

Die Hss. haben aber ganz Recht. Holzhus in hein ist nichts anderes, als Holzhaus im Haine und verhält sich so, wie „Reut im Winkel". Hein kontrahiert aus hagen stm. der Dornbusch oder der eingefriedete Ort ist bekannt genug.

Horize.

Horizo N. XXIII. 1. Haras westlich Raitenhaslach. Der Name muß ein verbreitetes Appellativum gewesen sein, denn die Bavaria V. gewährt ihn als O. N. sehr reichlich und zwar: 1 Haraß, 3 Harras, 1 Harraß, 1 Harres, 2 Harreß, dazu noch einige Composita. Wenn also auch der Name nordslavischen Anklang hat, vgl. Horice O. N. in Jungmann's Wbch., so werden wir bei seiner Verbreitung in Baiern ihm slavische Provenienz doch nicht zutrauen können.

Ich stelle den Namen zu dem in O. N. auch sonst häufigen ahd.

Ing.

Mit diesem patronymischen Suffixe sind 44 Ortsnamen abgeleitet. Dasselbe Suffix erscheint außerdem noch im Seenamen Chieminge, lacus, sowie in dem Compositum Duringveld. Das Suffix tritt bekanntlich an Personalnamen und bezeichnet den Abkömmling des Betreffenden. Als O. N. steht das bezügliche Derivat immer im Plural und bedeutet zunächst die Abkömmlinge eines Mannes, die einen bestimmten Ort bewohnen, sodann in übertragenem Sinne den Ort selbst. Diese Ortsnamen treten auf entweder im Dativ Plur. ingun ingin ingen abhängig von einer wirklich gesetzten oder bloß gedachten Präposition oder im Nomin. Plur. ingas inga inge, unabhängig von einer Präposition. Im ersten Falle entsprechen sie der Frage: Wo? Wo wohnt ihr? im zweiten Falle, den wir als den älteren betrachten können, der Frage: Wer? Wer seid ihr? Die Nominative Pl. auf as von außerordentlich hohem Alter sind hier noch in 6 Exemplaren vertreten. Man hat geschwankt, ob diese deutschen Nominative auf as nicht Akkusative sein könnten, das aber halte ich für ausgeschlossen, da es keine deutsche Präposition gibt, ausgenommen das nicht brauchbare umbi per, welches auf die Frage Wo? den Akkusativ regierte. In späterer Zeit hat man diese inga misverständlich für lateinische Nominativa Sing. Feminini genommen und in dem Sinne dekliniert z. B. villam Uzilingam N. V. 1., ein Misverständnis, welches ebensosehr der beßeren Schulung im Lateinischen, als der schlechteren Kenntnis der deutschen Flexionen entspringt.

Auch heute setzen die Lateinschreiber auf die Frage Wo? den lat. lokativischen Genitiv Singularis z. B. Tubingae zu Tübingen, während sie in richtigem Verständnis der Entsprechung, die für deutsches Tubinga ein latein. Tubingi erheischt, Tubingis setzen müßten nach Analogie von Tarquiniis zu Tarquinii, bei den Tarquiniern, oder aber mit Neubildung eines lat. Adj. Tubingia scilicet civitas, Tubingiae, wie schon Cassiodor Thuringia scil. terra für Thüringen schreibt.

Die hier gewährten O. N. dieses Suffixes sind:
Achingas später Ehingen*), Acho und Echo Fstm.
Ainheringa, Ainhari St. P.
Amfinga, Ampho N. und St. P.
Ansheringen, Ansher Fstm.
Antheringas, Antheri Fstm.

---
*) Worin h statt. hh. etc. steht.

Arnoldingen, Arnold Fstm.
Baldilingas, vgl. Baldila fem. Fst.
Papinga, Papo Kr. U.
Patinga, Pato N.
Pechilingen, vgl. Pichilo Graff.
Pidinga, vgl. Bithgart, Bidegis Fstm.
Brunningas, vgl. Brunnihilt Graff.
Puotilingen (emend)., vgl. Puoto Graff, Bôdilo Fstm.
Tagahardingen, vgl. Tagahilt Tagarat Dagaperht sowie Teganhart, etc. Fstm.
Tengilininga (emendatum), Tengilîn Diminutiv von ahd. tangol stm. malleus, martellus.
Deorlekingas, vgl. Deorulf, Deorovald, Tiurlinda sowie Mathlêc, Godolêc, Folcleih, Perahtlcih, Ekkileich etc. Fstm.
Tiemuntingen (emendatum), Thiomunt Fstm.
Tisingen, Tiso M. B. 1.
Titamaninga, Titman Fstm. vgl. auch Tito St. P. Tita Graff.
Torringen, Torro Fstm.
Tuningen, Tuno, Tuni Fstm.
Tuzzilingen, vgl. Tuzzo Graff.
Ehardinga, Ehard Fstm.
Flozzinga, vgl. Flozzolf Fstm.
Gourichingen, Cowerich Fstm. und Gawirîh Graff.
Heimingen, Heimo N.
Herigisinge, Herigis Fstm.
Heroluinga, Hariolfus St. P. Herolf Fstm.
Hrodheringas, Hrodhari St. P.
Huningen, Huno M. B. 1. Hun St. P.
Itinga, Ito Fstm.
Lantpotingen, Lautboto, Landbot Fstm.
Liueringa. Ein P. N. Liver Lifari (?) fehlt.
Mallakinga (Malluhhinga M. B. XVIII. 137), vgl. Mallibaudus Grff.
Megilingen, Megilo N.
Moringen, Mor, Mori, Moro Fstm.
Oetingen, Oto, Aoti St. P.
Opinga, Opo, Opi, Aopi Fstm.
Ostermuntingin, Ostremundus Polypt. Irminon.

4

Otmaringen, Otmar N.
Ottinga, Otto N. Oti, Aotto Fstm.
Usinga, vgl. O. N. Usinhofun, Usinhusun Fstm.
Uzilinga, Utzilo St. P.
Unaginga, Wago Fstm.

Dazu muß bemerkt werden. Die Namen Baldilo, Pechilo, Pido, Brunno, Tagahard, Tengilin, Deorlek, Tuzzilo, Flozzo, Liuer, Mallako, Uso birelt zu belegen war ich nicht im Stande, doch unterliegt die Ansetzung derselben keinem Zweifel. Baldilo ist das masculine Pendant zu Baldila; Pechilo ist wegen des heutigen Pilling vielleicht wirklich identisch mit dem beigebrachten Pichilo; Pido, wegen des heutigen Pibing Bavaria V. mit ī anzusetzen, ist allerdings ein schwieriger Name, der aber doch wohl im ersten Theile von Bidegis enthalten sein, und zu gotisch bidjan bitten, gehören mag. Brunno, wegen Brünning mit ū, nicht zu verwechseln mit Brūno, zu ahd. brunja lorica, beziehungsweise dem starken Zeitwort brinnan, ist wohl nur zufällig mir entgangen. Tagahard ergiebt sich ungezwungen aus den verglichenen Compositis; Tengilin ist das Diminutiv von tangol, als Personalname gebraucht ganz wie Carl Martell oder der bekannte Hemmerlin; Deorlêk merkwürdig wegen seiner niederdeutschen Form, welche hd. Teorleih oder Tiurleih lauten müßte, gewinnt man ebenfalls aus den gegenübergestellten Namen. Tuzzilo ist Diminutiv von Tuzzo, Flozzo liegt im ersten Theile von Flozzolf und ist sicher ein nomen agentis von fliuzan. Liuer ist wohl keine Contraktion aus Liubheri, woraus ein f in Lieferung sich nicht hätte ergeben können, sondern ein unkomponierter abjektivischer Name, wie Giber, Baldro, Illiodro und die Fem. Bertara, Droctara, Givara bei Fstm. Liuer oder Livaro ist ohne Zweifel ein vom Verbum ahd. liban vivere abgeleitetes Adj., welches vivax bedeuten mag. Mallako oder Malluhho, wenn ich die Form der M. B. für die beßere ansehe, verhält sich als Ableitung wie Epuhho St. P. Filuho Graff Madacho, Mattihho Fstm., das Grundwort ist mir noch dunkel; Uso liegt jedenfalls auch in dem O. N. Usinhofun Usinhusun Fstm., es ist wegen des heutigen Ising mit ū anzusetzen.

In Oetingen ist der Umlaut des langen o älteren ao eingetreten; es stimmen daher dem Anscheine nach die danebengesetzten Namen nicht ganz, für die frühere Zeit ist aber jedenfalls ein Otingun Aotingun zu supponieren.

Isana.

Isana A. II. 5. etc. Die Isen, Nebenfluß des Inn. Hievon Isanagaoe und ad Isana eccl. Kirchisen.

Das i ist kurz wie in Isar, da wir sonst heute Eisen, Eisar haben müßten. Ich stelle beide Fl. N. zu europäisch is schnellen, antreiben, beleben Fick I. 509, woraus mit den arischen Suffixen nós und rós (griech. νός und ρός die Verbaladjektiva isnos und isros iseros bewegt, angetrieben, schnell, geleitet werden. Thatsächlich stellt Fick a. a. O. ein europ. isaro abj. frisch, kräftig, heil auf, sowie ein zu isnos stimmendes weitergebildetes Verbum isaniati (griech. ἰ χί νειν = ἰ σχ΄ νιειν beleben. Isana scil. aqua wird also die bewegte, rasche, schnelle bezeichnen. Die Frage nach der Nationalität des Wortes entscheide ich nicht. Die bairische Isar wird von Glück Kelt. Namen 51 als keltisch in Anspruch genommen. Zwei gallische Isaras, die Isère in Südfrankreich und die Oise im Norden, lassen ihn diese Forderung aufstellen. Ich kenne noch eine 4te Iser im nordöstlichen Böhmen vom Riesengebirge, bei A.-Bunzlau in die Elbe fallend, also in der baierischen Urheimat dem Lande Baias des Geographen von Ravenna (Vgl. Zeuß 366), und weise darauf hin, daß Fick 3 den Verbalstamm is gleiten auch im Germanischen aufstellt, sowie daß an. eisa, gleiten von der Lebendigkeit dieses Verbalstammes im Deutschen doch einigermaßen Zeugnis ablegt.

An Verbaladjektiven auf nós und rós haben wir im Germanischen keinen Mangel, vgl. Grimm Gramm. II. an und ar. Die auf nós fallen mit unseren Participiis Praeteriti zusammen. Es wäre also doch vielleicht möglich die Isana, sowie die Isara, welche davon nicht getrennt werden kann, dem Deutschen zu retten. Wegen der Lebendigkeit des Stammes im Deutschen vgl. auch die P. N. Iso und Isi bei Fstm., welchen man freilich nicht ansieht, ob sie langen oder kurzen Vokal in der Stammsilbe haben.

Jubindorf.

Jubindorf A. VI. 26. Jupindorf N. VI. 2.

Für Jupindorf druckt Kleimayrn in Pindorf, und so schreibt auch die Münchner Hs. an den Rand, während der Text beider Hss. der N. nach Keinz deutlich Jupindorf gewährt.

Fstm. hat den ersten Theil für den Genit. eines P. N. Jubo, Jupo gehalten und ähnlich klingende Namen, wie Jóppo St. P. dazu beigebracht.

Keinz deutet den Namen auf Eugendorf, welches schon früher unter Eondorf begegnete; Koch-Sternfeld's Top. Matrikel beutet ihn an der zweiten Stelle auf Pendorf bei Frankenmarkt in O. Ö., Pallhausen in seinem Nachtrage zur Urgeschichte Baierns hatte die Emendation Lubindorf gewagt, die Traditionen des Klosters Monbsee im Urkundenbch. v. O. Ö. I. bringen sogar die Form Rugindorf. Soll der Name mit Eugendorf vereinigt werden, so bleibt keine Wahl als ihn zu emendieren in: Iugindorf*) wobei nur Jupindorf wieder Schwierigkeiten macht.

Juvarus.

Juvarus N. Eingang und II. 1. Dieser alte Name Salzach, auch in der Tab. Peut. bestätiget, ist ohne Zweifel mit dem europäischen Suffixe ros aus derselben Wurzel abgeleitet, aus welcher der Name Juvavo selbst erfloß. Es ist übrigens auffallend, daß der Fluß außer dem baierischen Salzaha zur selben Zeit noch zwei alte Namen gehabt haben soll. Ich muß gestehen, daß mir von den in A. und N. genannten zwei Namen Igonta und Juvarus der erstere mehr Vertrauen seiner Ächtheit einflößt und zwar schon deshalb, weil der Indiculus überhaupt alterthümlicher primitiver volksthümlicher ist, als die mit historischem Detail, ich möchte sagen historischem Kleinkram durchflochtenen und ersichtlich gelehrten Anstrich tragenden Notitiae. Jobao z. B. in A. ist eine volksthümliche Form; daß aber die Stadt früher Juvavo geheißen, wie N. sie nennen, konnte auch im 8ten Jahrhundert, wenn überhaupt die Notitiae schon zu dieser Zeit entstanden sind, nur der gelehrte Forscher wißen.

Volksthümlich ist im 8ten Jahrhundert oder in gedenkbaren Zeiten zuvor nur der Name Igonta, mag er nun so gelesen oder mit Zeuß Isonta emendiert werden. Wenn nicht die Tab. Peut. deutliches IVARO neben den Fluß hinschriebe, was in IVABO zu emendieren wohl zu kühn wäre, obzwar sichere Schreibfehler wie Boloduro für Bojoduro, Elpranci für Et franci daselbst vorkommen, möchte ich den Fl. N. Juvavo gewislich verwerfen, zu Gunsten eines älteren Juvavo fluvio, zu welchem Juvavo oppido sive castro parallel oder auch sekundär benannt wäre.

Die Namen Juvaro, Igonta, Salzaba werden wohl in zeitlicher Folge einander ablösend am Flusse haften, entsprechend dem dreifachen Schritte der Geschichte, welche Kelten, Romanen und Deutsche an seinen Ufern anerkennt.

Juvavo.

Juvavo N. mehrfach. Abjektivalbildungen sind Juvavensis pagus, sedes und Juvavense castrum, oppidum. A. gewährt auch Jobaocensium

---
*) Vgl. Lagusculo.

pagus, was besonders anzieht, da der Name Jobao in seiner vergröberten dialektischen Form, die schon in Jovavi des Antonin. Itinerars, Jubao Leseart bei Eugippius ꝛc. (Siehe Mommsen Corp. Inscript.) angebahnt ist, höchst wahrscheinlich der mündlichen Tradition der Romanen an Ort und Stelle angehört.

Der Name dieses norischen befestigten Platzes (oppidum) findet sich schon bei Plinius und lautet, wie Mommsen aus demselben erhebt, vollständig Claudium Juvavum. Zum Suffixe des Wortes vergleiche ich, was Glück Kelt. Nam. unter Genava beigebracht hat. Genava ist nach demselben aus kymr. gen, cs oris mit dem keltischen Suffixe avus abgeleitet und bedeutet so viel, wie Ostia, was in der That paßt, da Genf am Ausflusse der Rhône aus dem Genfer See liegt. Genau auch entsprechen die Abjektivalbildungen urbs Genavensis, civitas Genavensium den obenan gestellten. Zur Wurzel des Wortes Juvavo vergleicht sich europ. und graeco—ital. yu wehren, wahren Fick I. 732 und II. 203, welches im latein. juvare mit eingeschobenem v in der hieher passenden Form juv erscheint, so daß Juvavo vielleicht bewahrter, verwahrter, befestigter Ort direkt bezeichnet. Das ist indessen nur eine vage Vermuthung, auf deren Festhaltung ich gar keinen Werth lege.

Lagusculo.

Labusculo lacus N. VII. 1. Lacusculus stagnum A. IV. 2. Das Wort ist Diminutivum zu lacus und an der ersten Stelle zu korrigieren in Lagusculo, eine ächt romanische Form mit Erweichung des c zu g, wie in Marciago Marciacum.

Meine Emendation stützt sich darauf, daß es in Hss. saec. 11 ein oberlanges g giebt, welches mit b verwechselt werden kann.

Wohl mag der Lagusculo identisch sein mit dem Fuschelsee, obgleich ich auch an den kleinen Hintersee gedacht habe, sicher aber ist, daß Fuschel nicht durch Abfall des La aus Lagusculo entstanden sein kann, und daß sprachlich beide Ausdrücke scharf zu trennen sind.

Lacuano monte.

Lacuana monte A. VII. 8. Ist allerdings als eine Albe genannt, dessenungeachtet darf nicht, wie Keinz im Register thut, alpis zum elliptisch gedachten Abjektiv ergänzt werden. Das Substantiv steht vielmehr schon da. Es ist monte, und somit muß emendiert werden: Lacuano monte ganz wie: Oriano monte in A. VI. 27.

Ladusa.

Ladusa alpis A. I. 6. Luduso N. II. 7. und Luduzo ebenda in der Münchner Hs.

Die beiden letzten Formen verdanken ihr u in der Stammsilbe sicher einem verlesenen offenen a, auch das ober Flexion ist wohl falsch für a, aber das z in Luduzo könnte möglicherweise beßer sein, als das s in Ladusa.

Von einer Identität mit Labau kann gar keine Rede sein. Wenn es, wie Pallhausen in seinem Nachtrag zur Urgesch. Bayern's 1815 behauptet, einen Ladusenbach bei Berchtesgaden giebt, so ist jedenfalls dieser, beziehungsweise die Albe an ihm gemeint. Ladusa scil. aqua wäre also primär Bachname mit dem Suffixe uceus, romanisch uço abgeleitet. Das Etymon läge vielleicht in lat. latus weit, breit, geräumig, so daß latucea, laduça aqua etwa Breitbach besagen könnte. Erweichung von t zu d ist im Romanischen nichts ungewöhnliches.

Lambach.

Lambach N. XV. 5. Edelbachers oberöst. Landeskunde verzeichnet keinen Lambach bei Lambach. Es wird also, sofern ein derartiges Gewäßer gesteht oder bestanden hat, dasselbe jedesfalls von sehr untergeordneter Bedeutung sein. Ich möchte demgemäß den Namen zu ahd. lam Abj. claudus, mancus, debilis stellen, und da lama f. geradezu aritia Kargheit, Dürre bezeichnet, in Lambach denselben Sinn finden, der sonst durch Dürrenbach oder Zauch (slav. suh, siccus) gegeben ist und einen kärglich fließenden, im Sommer wohl ganz vertrocknenden Bach bezeichnet.

Laufom.

Laufom A. VIII. 7. Louffi N. VIII. 7. XIV. 26. 34. Loufi N IX. 5. Laufen an der Salzach.

Die Bedeutung des Wortes, welches als O. N. in unsern Gegenden häufig genug erscheint, als Stromschnelle ist bekannt. Vgl. auch Lexer loufe swm. die Stromschnelle und Schmeller der Lauffen, veraltetes Appellativ für Waßerfall. Laufom ist regelrechter Dativ Plur., Louffi aber muß unbedingt emendiert werden in Louffin (ein Strich überm i wird verloren sein), das ist Dat. Sing. des Wortes laufo, louffo, welches formell mit dem swm. hloufo cursor bei Graff identisch ist. Ich besprede im Zusammenhange damit auch das Lauppiom des Anhanges XCIII. 1. sowie den Louftinpach in N. XIII. 12.

Das erstere stünde, wenn pp richtig wäre noch auf got.-jächsischem Consonantenstand, wofür noch mehrere Beispiele, wie Diupstadum, Doorlekingas etc. begegnen, es ist aber viel wahrscheinlicher, daß es in Laupfiom, ober Lauffiom zu emenbieren fei, ba p unb f allerbings konfunbiert werben können. Vgl. Louphen in territorio Salzburgensi M. B. 29, 516, wo ebenfalls pf vorliegt. Natürlich ift auch Laupfiom Dativ Pluralis, wie Laufom.

Louftinpach aber ift, ba ich ben Einschub eines unächten t für bie frühe Zeit ber ursprünglichen Faßung ber Notitiae nicht vermuthen kann, in Louffinpach zu korrigieren, indem ber obere Theil bes zweiten f vernach= läßiget wurde. Louffinpach ift eine Abjektivappofition, etwa louffīn zum Laufen gehörig, fomit ber Bach ber in ben Laufen fich ergießt ober ber felbft einen Laufen b. i. eine Schnelle bildet.

Diefe Emenbation wirb im weiteren gewährleistet burch bie Formen Lauffenbach, Lauphenpach, welche M. B. 29, ich weiß nicht, ob gerabe für ben ibentifchen Bach ober nicht, barbieten.

Mallakinga.

Mallakinga A. VI. 14. Malching. M. B. 38. 137 bieten Malluh- hinga offenbar zu einem P. N. ber wie Patuhho Epuhho etc. abgeleitet ift unb Malluhho lauten müßte. Es barf auffallen, baß, während Mal- luhho entschieben hochbeutfch ift, bie Form Mallako im C. N. bes A. got.=fächfifchen Confonantenftanb zeigt.

Maninseo.

Maninseo A. VII. 4. Der Monbfee, latinifiert in Urkunben auch Lunaelacus.

Der O. N. gehört zum ahd. mâno swm. luna ohne Zweifel. Aber nicht unmittelbar, fonbern burch Vermittlung eines P. N. Mâno, benn Manin ift poffeffivifcher Genitiv. Daß ber See feinen Namen habe von feiner monbförmigen Geftalt ift nur nachträgliche Volkserklärung, bloße Fabelei aber, wenn anbere Erklärer ben Namen mit heibnifchem Monbesbienfte in Verbinbung brachten.

Maninseo ift ber See eines ficheren Mâno nichts weiter. Daß aber biefer P. N. vorkomme, verfichert uns Fftm., welcher fagt: aus= lautenb gehöre man öfter zu mâno Monb, ba auch Sonne zuweilen in P. N. erfcheine.

Es ift mir auch fehr wahrfcheinlich, baß ber von ihm aus Kaufler Wirtembg. Urkbbch. beigebrachte Mano saec. 8. gleich mâno fei unb nicht zu man stm. homo, vir gehöre.

Marciago.

Marciago N. IV. 3. Morzg, früher Morzig bei Salzburg.

Aus bem römifchen Gefchlechtsnamen Marcius gebilbet mit bem

galloromanischen Suffixe acus, welches auch in einigen lateinischen Appellativen vorkommt, jedesfalls aber dem niederen volksmäßigen Latein reichlicher zugestanden haben muß.

Analoga sind die O. N. Aureliacum, heute Aurillac, Juliacum, Calviniacum, heute Chauvency zu den Geschlechtsnamen Aurelius, Julius und Calvinius. G für c in Marciago ist romanische Erweichung.

Die O. N. dieser Bildung sind zunächst Adjektiva, apponiert zu irgend einem Substantiv des Begriffes Besitzung, Wohnstätte, Heim, welche später elliptisch und endlich ganz selbstständig werden.

Marciago bedeutet also: Besitzung, Niederlaßung, Haus des Marcius.

Marciolas.

Marciolas A. VII. 26. Keinz hielt diesen Namen für einen lat. Akkusativ Pl. und setzt daher einen Nom. Marciolae ins Register.

Marciolas aber ist nicht wie das Salinas derselben Stelle ein lateinischer, sondern wie Antheringas etc. ebenfalls an dieser Stelle des A. ein deutscher Cajus und zwar ein Nom. Plur., dessen Singular Marciol, Diminutivform von Marcius, wie mittellatein. filiolus von filius ist.

Die Diminutivform wird aber hier, wie wir das ja vielfach auch in anderen Sprachen finden, patronymischen Sinn haben, und Marciol wird somit den Abkömmling des Marcius, Marciolas die Nachkommen des Marcius besagen, wie Antheringas die Nachkommen des Antheri bedeutet, somit ein Familienname sein.

In lateinischer Form findet sich der O. N. in N. XIV. 50. Snelwach de Marciolis im Ablat. Pl., worin ebenso deutlich die persönliche Natur des O. N. illi Marcioli, die Familie der Marzole, erkennbar ist.

Mathagaoe.

Matagaoe A. III. 2 etc. Mattakov N. IX. 4. pagus Matahcensis N. VII. 4. Mathgovre Juvav. 240. Der Gau an der Mattig, dem Ausfluße des Mattsees. Der Name der Mattig erscheint mit seiner alten Form im Compositum Mattahhova Juvav. 96, Mathahhova ebenda 101, Matahhoua ebenda 115, Mattighofen an der Mattig, sowie in Maticha locus Chron. Lunaelac., bei Koch=Sternf.=Top. Mat., welches ich in Mataha emendieren möchte, indem ich annehme ic sei aus offenem a verlesen, wie umgekehrt in Ambrao statt Ambrico N. VIII. 8 offenes a statt ic genommen ist. (S. Anhang). Es leuchtet ein, daß Mataha, die Mattig, ein Compositum sei aus dem bekannten ahd. stf. aha, die Ache, und einem Nomen math, welches ich in germ. mâtha Fick. 3., ahd. mât, mâd, mhd. mât, mâdes stn. bie Mahb, bie Heuernte, baš Heu, bie Wieſe, Matte wiederfinbe.

Die Mâthaha iſt ſomit ein Fluß, welcher Heulanb, Wieſen, Matten, burchſtrömt. Ich benke nun wohl, baß ber Gau nach ber Mattig be= nannt ſei, wie ja auch ber Traungau, ber Vilsgau, ber Donaugau ꝛc. nach ben Flüßen benannt ſinb, an welchen ſie liegen. Das trifft auch gewiš zu für bie obige Form pagus Matahcensis, jeboch bei Matagaoe iſt es mir zweifelhaft, ob bieš aus Matahgaoe vereinfacht ſei. Krinz hat bas angenommen unb jetzt Matahgaoe in'š Regiſter, obwohl ſein Text bieſe Form nirgenbš bietet. Bei Fſtm. fanb ich außerbem noch bie Form Matahgawi, ich weiß nicht mehr ob wirklich belegt.

Es ſcheint mir bie Möglichkeit nicht ausgeſchloßen, baß Matagaoe keine Contraktion aus Matahgaoe, ſonbern eine Parallelbilbung zu Mâthaha ſei, wonach bie Benennung bes Gaues von ſeinen Matten ausgienge. Beſtimmt liegt bieſe Parallelbilbung vor im Namen bes Mattſee's, welcher in ben M. B. nur e i n m a l nach ſeinem Ausfluße Matahsee heißt, ſonſt aber Mathaseo, Matheseo, Mathsee, Matisco genannt wirb, b. i. ber See im Wieſenlanb, zwiſchen Matten.

Mona.

Mona A. VII. 6. Muon N. XIV. 49. Gmain bei Reichenhall. Muon muß neubaieriſch moa͞ lauten, wie bluomo ber Bloam bei Stelzhammer, unb Gmain ſteht in irrthümlicher ſchrift-beutſcher Auffaßung für gmoa͞, wie ber Name in lokaler Trabition lautet. Wir haben alſo einen boppelten Irrthum vor uns, eine ethymologiſche Pſeubomorphoſe, welche aus geſprochenem moa͞ erſt gmoa͞ unb aus bieſem ein geſchriebenes gmain ſchuf*). Obſchon ich nicht im Stanbe bin eine haltbare Erklärung bes Wortes zu geben, ſo möchte ich boch anmerken, baß ich Grünbe habe baſſelbe für bentſch zu erachten. Ich habe bas Wort nach ber Seite bes Keltiſchen wie Romaniſchen hin unterſucht, mit negativem Reſultate.

Mos.

Ahd. mos stn. Moos, moosbewachſeuer Ort, Sumpf finbe ich in 4. D. R.

Frigoltesmose mit bem poſſeſſ. Genitiv eines P. N. Frigolt b. i. Frijolt=Friwalt aus bekannten Componenten.

Hôinmos (emend). mit bem Abj. hôh.

---

*) Die Vorausſetzung iſt ſelbſtverſtänblich, baß Mona unb Gmain wirklich ibentiſch ſeien, was ja nicht unbebingt ber Fall ſein muß, benn ſchon im 15. Jahrh. ſteht Gmain feſt. Auf ber gmaln ꝛc. 1478. Mitthlgg. 15.

Ruozmos nach seiner besonderen schwarzerbigen, moorigen Beschaffenheit benannt.

Heidenmose entzieht sich meiner Deutung, denn es konkurrieren sowohl der possess. Genitiv des P. N. Heido Fstm., vergl. Haito St. P. Heito M. B. 2., als auch ahd. heida thymus, myrice, wovon ein Abj. heidīn gebildet eine Vegetationsbesonderheit des Mooses ausdrücken kann.

Muln.

Muln. Dat. Pl. des ahd. muli atf. die Mühle.

Nana.

Nana A. VII. 6. etc. Non bei Reichenhall. Das Etymon ist wohl lateinisch nanus Subst. der Zwerg und Abjek. klein. Vgl. Castel Nano und Nano Dorf am Noce im Val di Non in Tirol. Friedrich von Castel Nano saec. 14. Egger Gesch. Tirols I.

Welches Substantiv primär zu ergänzen sei, weiß ich nicht.

Bei Non finde ich auf Keil's Begleitkarte einen Arm der Saale und einen kleinen Bach. Vielleicht ist aqua nana Kleinwaßer zu deuten, vielleicht auch villa nana. Es ist nicht zu entscheiden.

Nandiheswanch.

Nandieswanch N. XIV. 41 im Texte bei Keinz, sowie im Register ist zu streichen zu Gunsten der richtigeren Form Nandiheswanch, welche von der Münchner Hs. dargereicht wird und den Genit. possess. eines P. N. Nandih darstellt, wozu Nendihho St. P. verglichen werde.

Niuvarin.

Niwarin N. XIII. 13. etc. Sicherlich Neufarn östlich vom Waller-See und gewis nicht Neumarkt, das ja ein ganz anderes und zwar in seinen Constituenten vollkommen durchsichtiges Compositum ist.

Allerdings könnte man Niwarin als Dativ Pl. eines supponierten niuwâri von niuwi, novus auffaßen, wie Fstm. erwähnt*), allein ein derartiges Niwarin müßte heute Neuern lauten und könnte kein f entwickelt haben.

Ich emendiere daher Niwarin in Niuuarin zu trennen Niu—uarin, zu sprechen Niu—farin, dessen erster Theil das Adj. niuwi, niu, dessen zweiter ein swm. Nomen agentis faro, migrator, advena sein wird. Niwifaron wird bedeuten: ad novos advenas und sich ähnlich wie Neusatz, Neusiedel verhalten.

An ahd. far Hafen, wie Fstm. will, kann aus topographischen

---
*) Der den Namen unter Niwifaron bringt.

Gründen gar nicht gedacht werden. Neufahrn liegt in der Höhe und keineswegs unmittelbar am See. Ein Neufarn findet sich auch bei Mühldorf in Baiern, wo von einem See oder größeren Fluß gar keine Spur ist, also auch von einem Hafen oder einer Fähre nicht geredet werden kann.

Opingaoe.

Opingaoe A. II. 7. Ist doch nicht mit Kranz so unbedingt zu verwerfen und einem bloßen Versehen zuzuschreiben. Wird auch der Name nicht weiter genannt, so beweist das doch nur, daß er früh verschollen, nicht aber, daß er niemals gegolten habe. Die Stelle der N. V. 5, welche dieselbe Schenkung Theobebert's b. i. die des Fleckens Opinga mit 20 Mansen anführt, setzt statt des obigen den feststehenden Gaunamen Sundergov, woraus allerdings erhellt, daß über die Lage von Opinga, welches Kranz mit Obing im Chiemgau, identificirt, geschwankt wurde, jedoch keineswegs hervorgeht, daß nicht Opingaoe der früh aus der Geltung gekommene Name eines Untergan's gewesen sein könne. Opingaoe verhält sich zu Opinga ganz, wie Chiemingaoe zur Ortschaft Chieming und führt auf einen P. N. Opo, wie dieses auf Chiemo.

Orilano monte.

Oriano monte A VI. 27. heute Erl. Bei Meichelbeck Hist. Fris. findet sich dafür Aurillan.

Ich emendire Oriano in Orlano oder in Orilano, indem entweder i für l verlesen wurde oder das dem i folgende l dem Schreiber in der Feder blieb.

Verbinden wir die Form in A. mit der Meichelbeck's, so gelangen wir zu Aurillano monte, einem sichtlich romanischen Ortsnamen, welcher höchst wahrscheinlich als Aurelianus mons, der Berg des Aurelius aufgefaßt werden darf.

Aurelius ist ein bekannter römischer Gentilname, aus welchem mit dem ganz gleichen Suffixe auch der O. N. Aurelianum, Orleans in Frankreich abgeleitet ist.

Reganesburch.

Reganesburch civitas A. I. 7. Regensburg gegenüber der Mündung des Regen in die Donau.

Der Regen, Reganum beim Geographen von Ravenna 4. 25, wurde bisher als keltischer oder romanischer Name angesehen. Ich erkläre ihn für deutsch und zwar für identisch mit dem bekannten Worte: der Regen, pluvia, welches in sämmtlichen alten germanischen Dialekten vertreten ist und zwar as., ahd. mit epenthetischem a in der völlig einstimmenden Form régan als stm., an. regn und got. rign aber generis neutrius. Es wird nun die Bedeutung des Wortes ursprünglich die von Fluß schlechtweg gewesen sein, woraus jene von Fluß aus den Wolken, Niederströmen vom Himmel, Regen sich erst sekundär specialisierte. Nicht jeder Fluß ist also ein Regen, wohl aber ist jeder der beiden Regen ein Fluß.

Bestärkt wird diese Deutung durch das in Fick's Wörterbuche III. herangezogenen kirchenslavische rěka, der Fluß.

Germanisches régna kann für rehnů stehen nach Verner's Regel, wir haben somit in reh die untadelhafte Verschiebung eines europäischen rek vor Augen.

Die römische Station Regino wird zu Stadtamhof bei Regensburg gesucht. Man hat stets daher den Namen der Stadt gedeutet. Ich bin principiell nicht dagegen, aber Regino ist in der Tab. Peuting. deutlich Stations= nicht Fl. N., wie sollte man das Verhältnis des Fl. N. der Regen zum Stationsnamen Regino (scil. castro) sich denken? Etwa als Parallelbildung Regino fluvio? Dann wäre Regan baare Umdeutung. Aber der Fluß liegt mitten im altthüringischen Gebiete, (Zeuß 355), warum sollte sein Name nicht deutsch sein?

Richershusir.

Richerihusir A. VI. 28. Es wäre wohl möglich in Richeri den Genitiv eines latinisierten Richerus zu erkennen, aber es müßte die grammatikalische Verbindung deutscher husir mit einem lateinischen Genitiv überraschen.

Weitaus wahrscheinlicher ist es, daß i verlesen ist für langes s und somit Richershusir hergestellt werden muß.

Riuti.

Nur zufälliger Weise ist dieses in unsern O. N. so häufige Wort hier nur in 2 Exemplaren belegt und zwar Riuti unkomponiert und ein regelrechter Nominativ, und Truhtherariute im Dativ zusammengesetzt mit dem possessivischen Genitiv des P. N. Truhthori, welcher als Truhthari St. P. begegnet. riuti stn., heute in unsern O. N. reut(e,) roit und in mißverstandener Schreibung auch reit, ist ein gereutetes Land, aus welchem auch die Wurzelstöcke der Bäume herausgearbeitet sind, während beim „Maiß" und „Schwand" bloß die Stämme gefällt, beim „Brand" die Stöcke nur oberflächlich durch Feuer zerstört sind.

Rota.

Rota. A. IV. 28. Die Rott, die in Niederbaiern bei Schärding in den Inn fällt. Rota, scil. aha ist elliptisches Abjektiv und wohl identisch mit ahd. rôt got. rauds, ruber, rutilus. Die Benennung geht aus von der rothen Farbe des im Waßer aufgeschwemmten rothen Kaltschlammes und findet sich in Fl. N. sehr oft. Alle unsere Rettenbäche aus rôtinpah, Dativapposition, später mit Umlaut roetenpah*), sind darnach benannt.

Die Schärfung des t in Rott und Verkürzung des Vokals begründet keinen Einwand gegen röt, da dieselbe auch in Rettenbach eingetreten ist.

Hieher gehört wohl auch Raotula, saec. 8. die Rotel im Mühlkreise. Kr. Urkd.

Ruozmos.

Ruozmos A. XVIII. 3 steht sprachlich vollkommen aufrecht, wenn es auch topographisch noch nicht identificiert ist.

Der erste Theil ist ahd. ruoz stm. fuligo, Ruß, Rauch, Kohlstaub, und ruozmos wird ein Schwarzmoor bezeichnen.

Die von unkundiger Seite konjekturierte Form Buozmos, welcher auch Keinz sich geneigt zeigt (heute Pößmos bei Trostberg), ist ganz unberechtigt, denn einerseits lautet der alte Name von Pößmoos in der Juvav. 199 Pessimmos, andrerseits würde aus Buozmos niemals Pößmoos werden können und endlich hat auch buoz gar keinen Sinn, wogegen ruoz ein verständliches und für ein Moos außerordentlich passendes Appellativum ist.

Sala.

Sala, A. I. 2 etc. Die Saale, (auch Sale, Saalach und Salach) Nebenfluß der Salzach.

Die Saale ist ein in Deutschland noch mehrmals wiederkehrender Fluß-Name, welcher wie bei Zeuß, so auch bei Fstm. für keltisch angesehen und als „Salzwaßer" erklärt wird, ohne daß uns gesagt würde, in welcher Weise denn der Fluß-Name von einem supponierten keltischen sal beriviert sei, oder wie wir sonst das Verhältnis zum Grundworte uns zu denken haben, da es denn doch einleuchtet, daß man einen Fluß nicht „Salz" schlechtweg nennen kann**).

---

*) So noch in Urbarien saec. 15.
**) Sehen wir uns das einzig taugliche keltische Abjektiv in Williams Corn. Dict. an, so finden wir: sal Abj. gesalzen, salzig, von Lhuyd zäl geschrieben, pêsk zal gesalzener Fisch, Welsch hallt, Armor. sall, Irisch, Gäl. saillte, salt, Manx sailt, hailt, salsus.
Daraus geht unwiederleglich hervor, daß sal und Armor. sall mit Assimilation von t aus salt entspringen, und daß salt die ächte Form des keltischen Adjektivs sein müße.
Wäre also Sala die Salzige, so müßte sie Salta heißen, was nie und nirgend der Fall ist.

Leider verlautet übrigens auch nichts, daß unsere Saale etwa mehr salzhältig sei, als sonst ein Flußwaßer, oder daß aus dem Waßer der Saale selbst jemals wäre Salz gewonnen worden*), wir werden also auch sachlich uns leicht entschließen auf diese keltische Erklärung nicht einzugehen. Selbst der gewiß merkwürdige Umstand, daß wir dem sächsischen Halle an der Saale ein baierisches Hall jetzt Reichenhall an der Saale entgegenzusetzen haben, wo beidemale der O. N. erweislich nichts anderes als salinae Salzbereitungsanlagen, Siedehaus bedeutet, wird uns nicht bestimmen, dem formell wie sachlich gleich übelbegründeten keltischen „Salzwaßer" auch nur um Haaresbreite entgegenzukommen.

Ich stelle die Sala, welche, wie aus dem Dativ dc Salu in der Hamelburger Markbeschreibung v. J. 777 sich ergibt, als stf. dekliniert wurde, zu griech. τάλος latein. salus und salum das Schwanken, Wogen, die hohe See, die Strömung des Flußes. Insbesondere die letztere Bedeutung, welche in der Stelle bei Stat. Theb. amnis saevit maiore salo (Freund Lat. Wb.) gegeben ist, eignet sich trefflich.

Alle 3 Wörter möchte ich dem europ. Verbalstamm sar und sal gehen, eilen, strömen Fick I. zuweisen**) und die stf. Sala als abgeleitetes nomen agentis oder actionis „die Strömende oder das Strömen" erklären. Die Sala wäre also der Strom schlechtweg. Die Rationalität des Wortes ist damit nicht bestimmt, diese Frage laße ich offen.

Salafelda.

Salafelda A. VI. 2. Salfelben im Pinzgau. Salafelda ist der Nominativ Pluralis, wie das heutige Salfelben der Dativ Pluralis ist.

Den ersten Theil des Wortes stelle ich weder zu ahd. sal domus, noch zu germ. sâla gut, noch zu dem in Selihoba Juv. 145, Sellant N, XXI. Söllheim O. N. bei Salzburg, liegenden Abjektiv sali, verkauft, rechtlich übergeben, welches Schmeller in der alten Rechtssprache Baiern's als noch lebendig aufzeigt, sondern dem stärkeren topographischen Anspruche folgend zum Fl. N. Sala. Salfelben liegt an der Saale und Salafelda sind die Felder an der Saale, wie Lechfeld das Feld am Lech ist.

Schildarias.

Schildarius A. VI. 26. ist zu emendieren in Schildarias, indem fehlerhaft u für offenes a gelesen wurde. Schildarias stimmt dann als

---

*) Als Substrat der Salzgewinnung wird ein putatorium barbarice galgo A. I. 3. putens, quo sal efficitur N. II. 5. genannt, b. i. ein Schöpfbrunne, ein in die Erde getriebener Schacht, in welchem eine natürliche Salzquelle gefaßt ist.

**) Fick selbst stellt freilich τάλος unter einen europ. Verbalst. sval schwellen.

Nom. Plur. des abd. schildari, scutarius, genau zu den übrigen alten Nominativen auf as, wie Antheringas Achingas etc., welche dieselbe Stelle gewährt, und ist ein Familienname. Im heutigen Schilding ist das Suffix ing unächt und erst später angetreten für das Suffix ari, beziehungsweise den Dat. Pl. arun, aeron, ein Vorgang, welcher in unsern O. N. öfter beobachtet wird, z. B. Schmibing, Büchling, Stocking, für älteres Schmidern, Büchlern, Stockern oder Pebering (Bebring) statt des älteren Pebrärn Juvav. 420., Sattling, Satlarun Fstm. Daß Schildarias ein Casus des Plurals und nicht etwa, wie Weinhold Bair. Gramm. behauptet, Genitiv Sing. sei, wird durch die später im 12. Jahrhundert auftretende Form Schiltaren, Quell. f. bair. u. deutsch. Gesch. I. 281., welche unweigerlich Dativ Pluralis ist, gewährleistet. Allerdings ist dieß ein anderes, heute Schildorn, Gemeinde Griesbach. Der Name ist überhaupt sehr verbreitet, was wohl erklärlich ist, wenn er vom Gewerbe des Schildmachens ausgeht. Bavaria V. bietet außer dem vorangestellten noch ein zweites Schilding und 3 Schilling (für Schilding?), wohl gleichfalls mit unächtem ing aus arun, aeron, ferner je ein Schiltern, Schilthurn und Schiltorn.

Sellant.

Sellant N. XXI. 5. Flurname bei Haiming. Der Name geht auf älteres salilant, selilant zurück, welches wie selihôba mit einem zu ahd. sala stf. Die rechtliche Übergabe eines Gutes, traditio, bedeutenden Abjektiv sali, rechtlich übergeben, zusammengesetzt ist.

Dieses Abj. sal, rechtlich, eingeantwortet, wird von Schmeller in seinem Wörterbuch noch aus der älteren Rechtsprache Baiern's nachgewiesen.

Sellant ist also territorium legitime traditum.

Seo.

Gotisch saivs ahd. sêo stm. stagnum stehendes Waßer von nicht streng begriffener Ausdehnung erscheint in 7 Nummern.

Und zwar mit dem poss. Genitiv eines P. N.

Aparnsee, älter Apirinssco, lat. auch Abriani lacus. s. bes. Art.

Chieminsaco (emend). s. besonderen Artikel.

Maninsco, lat. auch Lunae lacus s. besonderen Artikel.

Nach der Fauna ist benannt:

Der Suansee zu ahd. swano, swm. der Schwan, und der Uualarsaco zu bair. Waller, silurus glanis s. bes. Art.

Nach dem Namen seines Ausflußes ist benannt:

Der Atersee s. besonderen Artikel.

Ubersee, heute Übersee, südlich am Chiemsee, ist nicht See-
name, sondern Regionalname. Es ist in ihm die Präposition ahd. ubar
über mit dem von ihr regierten Dativ zusammengewachsen. In älterer Form
würde Ubersee lauten müßen ubar sewe und bedeutet eine Lokalität, welche
über dem See, b. i. nicht etwa jenseits, sondern in vertikaler Erhebung
über dem See gelegen ist. Das ubar verhält sich wie das englische upon
bei Fluß-Namen und findet sich in ganz gleicher Verwendung auch in
Uparach Urkdb. v. O. Ö. I. b. i. eine Lokalität über der Ache gelegen.

Silungestorf.
Silungestorf N. XIV. 46. Ich muß hier der Ansicht Keinz', daß
diesem O. N. Gillersdorf bei Laufen entspreche, gegen ihn selbst zum
Rechte verhelfen, denn er hat sie zu Gunsten einer schlechteren Interpretierung
aufgegeben. Wenn gesagt wird, Gillersdorf könne nicht dem vorangestellten
entsprechen, da es mit dem urkundlichen Namen Sitilinesdorf auftrete, so
muß ich die Möglichkeit bezweifeln, daß aus Sitilines Gillers werden könne.
Sitilinesdorf würde heute doch wohl eher Sittleins oder Sittelsdorf*)
heißen. Wenn aber der von Keinz citierte Namenerklärer Silungestorf
im heutigen Zilling wiederfindet, so muß ich dies ganz entschieden be-
streiten, da Zilling, wie aus der Juvav. pag. 420 erhoben werden kann,
noch im vorigen Jahrh. unter dem Namen Zünnling bekannt war.

Sinsa.
Sinsa A. VI. 27. Die Sims, der Ausfluß des Simssees (Simb-
sees) im Landgerichte Rosenheim. Auch das Schenkungsbuch der Probstei
Berchtesgaden (in den Quellen zur bair. und deutsch. Gesch. I. 258) reicht
uns aus dem 12. Jahrh. die Form Sins dar. Es muß daher jedesfalls das
m des heutigen Sims eine Verdickung des früheren n sein, welche vor
s im Baierischen nicht selten eintritt, wofür Beispiele bei Weinhold Baier.
Gramm. pag. 142 zu finden.

Ich halte das Wort zu ahd. sin stm. sensus, animus; sinnan stv.
tendere, sentire; sind stm. iter, traines, wozu ich einen germ. Stamm
san, ire, tendere aufstelle, der bei Fick III. sich nicht findet, indem
daselbst nur ein erweitertes santh Richtung nehmen, sinnen angesetzt
ist**). Das Nomen sin—sa mit seltenem Suffixe gebildet wie fun—sa,
funs geneigt, willig (das ich nicht mit Fick aus fonth—ta entstehen

---
*) Genau so wie das salzburgische Totilinesdorf saec. 10 heute Tötleinsdorf oder
Tetelsdorf heißt.

**) Demselben Stamme gehören wohl auch die P. N. Sini, Sino, Sin—bert,—mot,
—war etc. bei Fstm. an, sowie die Fl. N. Sinithi, die Senne bei Paderborn, Sinna,
die Sinn Nbfl. des Main, Fstm., nur daß diese mit anderen Suffixen gebildet sind.

laße) müße tiens tendens (gehend) und als Fl. N. etwa das ausfließende Waßer, den Ausfluß direkt bezeichnen.

Stat, Stad.

Zwei Wörter sind hier zu unterscheiden, ahd. stat. gen. steti, as. stad, gon. stedi, stf. locus, sedes, die Stätte, Stelle, Ort und ahd. stat, stad as. stadh stm. ripa, litus, das Gestade, Ufer.

Zum ersteren Worte gehören die O. N. Erlastedi, komponiert mit ahd. erila, erla stf. alnus und Sauarstedi, aufzufaßen als Safars—stedi mit dem possess. Genitiv des P. N. Safar, Fstm. Gesch. d. deutsch. Sprachst. II. 46., Saffarius, Fstm. nbch. I., welcher auch in Sauereshusen, Sabershausen Fstm. nbch. II. gefunden wird.

Zum zweiten Worte aber gehört Diupstadum im Dativ Pl., wie stedi der Dativ Sing. ist. Daß in Diupstadum nicht daß erste Wort liegen könne, geht daraus hervor, daß der Dativ Plur. dieses stedim stetin, nie aber stadum lauten kann. Der erste Theil des Wortes entsprechend dem got. diups, as. diop, bewahrt got.-sächs. Consonantenstand.

Stega.

Stega Nom. Pl. und Stegen Dat. Pl. des ahd. steg stm. der Steg.

Stile.

Stile. Zu ahd. stilla f. sentina, der unterste Theil im Schiffe, wo sich das Schiffsbodenwaßer, die Schiffsjauche ansammelt. Vermuthlich im Sinne unseres in O. N. häufigen Appellatives (die) Kendel = mhd. kennel stm. der Abzugsgraben.

Strazza.

Strazza Nom. oder Dat. Sing. des ahd. strâza stf. die Straße.

Strupe.

Strupe zu mhd. struppe stf. Gestrüpp. Ein recht häufiger O. N. Vgl. den Fuß Strub bei Loser, den Strubfall bei Hallstadt, die Strub an der Lammer bei Golling ꝛc.

Sura.

Sura A. VI. 13. rivulus N. XIV. 6. Die Sur, Nebenfluß der Salzach. Davon Sureberch N. XIV. 31 an ihren Quellen und Surheim. Ich stelle diesen Fl. N. zu europ. svar tönen, schwirren (sskr. svarati tönen) Fick I. und III. und erkläre ihn als ein Nomen svara, sura, welches die schwirrende, brausende, geschwätzige Ache bedeuten muß. Die Kontraktion u aus va findet sich im Deutschen einerseits in

surren neben schwirren und andrerseits im österreichischen Surm m. der Brausekopf neben Schwarm ahd. swarm, ein schwirrender Haufe Volkes
Unhochdeutsche O. N.

Eine ganz geringe Anzahl von Orts-Namen zeigt unhochdeutschen, gotisch-sächsischen Consonantenstand, und zwar:

Hulthusir A. VI. 24. unbestimmt in der Gegend des Waginger-Sees, Deorlekingas A. VI. 26. Tyrlaching, westlich von Tittmaning, und Diupstadum A. VI. 28. Tiefstätt am Tiefenbach in Niederbaiern. Dazu kann noch gerechnet werden Mallakinga A. VI. 14. Malching am Inn im Rottgau, in M. B. hochdeutsch Malluhhinga, während bei einer Anzahl anderer wie Buriom, Baldilingas, Brunningas, Hrodheringas etc. die Sache nicht so sicher ist, obwohl man sagen muß, daß sie dem got.-sächsischen noch ganz gut entsprechen. Es ist bezeichnend, daß diese Formen nur im Indiculus und zwar zumeist an jener Stelle begegnen, welche die alterthümlichsten Formen überhaupt bewahrt d. i. im Verzeichnisse der alten dotierten Parrochialkirchen des Erzstiftes. Ich habe schon gemuthmaßt, daß manche dieser Namen weit ins 7te Jahrhundert und darüber hinaufreichen dürften und so möglicherweise noch vor jener Periode, in welcher die hochdeutsche Sprache entstand, also vor der Sprachverschiebung sich festgesetzt haben können.

Da die hochdeutsche Sprachverschiebung um das Jahr 600 als vollendete Thatsache dasteht, die baierische Einwanderung aber mit Beginn dieses 6ten Jahrhunderts anhebt, so scheint es, als ob hier ein kausaler Nexus gegeben sei, indem die hochdeutsche Sprache auf neuem Boden und unter neuen Lebensbedingungen sich gebildet hätte, als die Sprache von Colonen, welche die Heimat verließen und mit Leuten anderer Abstammung, etwa Romanen, sich vermischend und durchdringend lautorganischen Veränderungen unterlagen, so wie wir heute das amerikanische Deutsch sich vom europäischen entfernen sehen.

Ich nehme Gelegenheit diese Ansicht hier auszusprechen, da über die hochdeutsche Lautverschiebung d. i. über ihre organischen Bedingungen die wunderlichsten Ansichten umgehen. Grimm hielt sie für ein selbstgewolltes, in stolzer trotziger Kraft ausgeführtes Ereignis, und selbst W. Scherer (deutsche Literaturgeschichte) konnte noch die sonderbare Meinung vertreten, die übermäßige Pflege der Vokale, das Musikalische in der Sprache, habe zu einer Vernachläßigung (so!) der Consonanten und damit zur Verschiebung geführt.

Davon ist zu Anfang natürlich gar keine Rede. Lautwechsel ist Organwechsel, Organwechsel ist aber Anpaßung fremder Zunge, das ist ganz sicher.

Die hochdeutsche Verschiebung wird also unter romanischem oder galloromanischem) Einflusse sich gebildet haben. Die einwandernden Baiern aber werden zunächst ein noch unverschobenes Deutsch gesprochen haben, und diesem können die vorgenannten O. N. angehören.

Zu diesen Namen ist noch einiges zu bedenken. Hult stn. entfernt sich von sämmtlichen germ. Dialekten, welche einstimmig holt, holz mit o gewähren. Nur gotisch müßte das Wort, wenn es belegt wäre, hult lauten, wie got. gulth stn. dem gold der übrigen germ. Dialekte gegenübersteht. hûs stn. ist allen germ. Dialekten gemeinsam, aber der Plural hûsir ist doch wesentlich hochdeutsch. Der Plural Deorlekingâs ist hochdeutsch und lautet auch so im ags. und im as. der Fuldaer Abrenunciatio und des Indiculus paganiarum, während got. und das as. des Heliand ôs verlangen, deor müßte ahd. tior lauten und steht dem ags., welches deoro neben diore hat, gegen as. diuri, am nächsten, lêk aber stimmt nur zum as. Vokalismus, während got. laik(s), ags. lâc, ahd. leih entspricht.

Diup stellt sich genau zum gotischen diups und deckt sich im Diphthonge auch mit ahd. tiuf, während ags. deop, as. diop abweichen. stadum wird als stadhum aufzufaßen sein und ist mit as. stadh stm. ripa identisch.

Können diese spärlichen Reste unhochdeutscher Namen für die Begründung meiner Ansicht genügen?

Ursesdorf.

Urisesdorf N. XIV. 52. Irsdorf in O.-Ö.

Die Invavia las an dieser Stelle Urisecdorf, Förstemann Namenbuch 2. konstruierte zu beiden ein nicht existierendes Urisewesdorf.

Die richtige Form gewähren die Traditiones Monast. Lunaelac. im Urkundenb. v. Ö. v. b. E. 1. Ursisdorf vom Jahre 760. Der nahegelegene Irsberg heißt daselbst Ursesberge 820. Der Name des Dorfes und Berges ist also nach dem Besitzer Urs genannt. Urs aus lateinisch ursus ist bei Fstm. saec. 8. belegt. Die Form Urisesdorf hat wohl epenthetischen Vokal enthalten und findet sich auch in den obgenannten Traditionen im Jahre 800, daneben auch Urisespere 1000 und vom selben Jahren lacus Urisesseo (der nahe Irrsee) erscheint. Als ächte Form ist für alle drei Namen Urses herzustellen.

Walahowis.

Uualahouuis A VI. 26.

In ben N. mit ansteigender Contraltion Walchwis, Walwis, Wals. Walaho ist der Genit. Pl. des ahd. walah stm. der Romane, wis ist wohl identisch mit ahd. wisa stf. die Wiese. Die Grammtiler betrachten das flexivische a im Nom. der ahd. stf. nicht als ursprünglich, sie sehen den Mangel besselben als älter an. In dieser älteren Form scheint wis in unserm O. N. vorzuliegen, wenn nicht ein offenes übergeschriebenes a oder ein Compensationsstrich wie es Reinz bei Mallakinga pag. 19. nennt, verloren ist.

Auch Pohkirch und Lohkirch erscheinen ohne a des Nominativs in unserer Stelle, dagegen Fischaha mit solchem.

Man könnte auch denken, da der Name in romanischer Form mit vico Romanisco, nicht prato übersetzt ist, so z. B. A. VI. 2. und öfter, daß wis etwa ein sonst verlorenes deutsches Wort für vicus sei, wozu sich an. ver stn. der Aufenthaltsort, zu germ. vas sich aufhalten Fick. 3. vergliche.

Übrigens wird wohl auch wisa zur selben Wurzel gehören und ursprünglich einen zum Verweilen geeigneten Platz bezeichnen.

Walarseo.

Uualarsaeo A. 11. 3. etc*). Der Wallersee. Genau dasselbe Nomen haftet auch in den Compositis Uualardorf A. VI. 5. eine nicht mehr bekannte Ortschaft in der Nähe des See's, und in Walarpach, ao. 822. Chron. Lunaelac. bei Koch-Sternf. Top. Mat. der Wallerbach, welcher von Neumarkt herkommend, zwischen Zell und Wied in den Wallersee fällt. Es findet sich ferner in der merkwürdigen Stelle der vita Ruodberti Juvav. pag. 8. und Pertz Scriptores XI. 5. Ruodbertus pervenit ad quendam locum, qui vocatur uualarium.

Schon Schmeller hat dazu den baierischen Fischnamen der Waller= der Wels, der Schaiden, silurus glanis**) gehalten, und denselben im Salzburgischen, wie im baierischen Wallersee zu finden geglaubt. Nun was den baierischen Wallersee betrifft, so lehrt die Betrachtung seiner Hauptform Walchensee (b. i. Walahôsêo) Bavaria V., daß er unächt sei, in der Salzburgischen Gruppe aber vermöchte immerhin dieser Fisch-

---

*) In A. VI. 26. bloß Seo genannt, welche Form eine lokative und aus Sewe verkürzt sein wird.

**) Dieser große Flußfisch ist nach Storch's mündlicher Mittheilung in den Salzburgischen Seen thatsächlich nicht ungewöhnlich.

name gegeben sein. Der Waller stellt sich zu germ. hvala atm. der Walfisch Fick. 3. und würde also in die alte Sprache zurückversetzt hwalar lauten müßen, wozu walar in unserm O. N., sowie die ahd. Glosse walira, balaena bei Graff einstimmt. Das i darin stört nicht, das ist dialektische Eigenthümlichkeit und verhält sich wie blâtira neben blâtara, die Blatter. Ahd. uualira, uualera ist, wie Graff's Belege erweisen, ein sicheres schwaches Femininum. Es steht nichts entgegen dieses swf. in unserem O. N. anzunehmen und nur unser neubaierisches „der Waller" veranlaßt mich eine maskuline Nebenform walar anzunehmen.

Unklar ist mir dabei nur der locus walarius der vita Ruodbert. Das müßte eine Latinisierung, ein mit ius abgeleitetes Adjektiv oder Subst. sein. In ähnlicher Weise ist Bisonzio loco nach der Fauna benannt, aber dieß Wort freilich steht ganz auf romanischem Boden, während man bei dem anderen nicht klar wird, ob man ein aus deutschem Grundworte geleitetes romanisches walario loco mit konkretem Sinne oder eine späte nur äußerliche Latinisierung vor sich habe. Eher aber möchte ich doch das erstere annehmen, da es mir doch nicht anzugehen scheint z. Beisp. aus deutschem Hirzbach eine Latinisierung rivus hirzius etc. herzustellen. Dagegen ist dieß dem romanischen Organe möglich und es ist sogar zu erwägen, ob an der obigen Stelle der Vita nicht vielmehr lacum statt locum zu lesen sei, wodurch wir ein dem Deutschen Walarsaeo paralleles romanisches laco walario gewännen. In der That gewährt die St. Peterer Hs. der Vita saec. 13., welche aus den Breves Not. interpoliert und ergänzt ist, (S. die betreff. Bemerkung bei Pertz a. a. O.) die Lesung lacum, qui vocatur Walarium.

Wang.

Unter Wang ags. as. wang stm. verstehe ich in O. N. ein ebenes, nicht allzuweites, mit niederer Vegetation und zerstreuten Bäumen oder Baumgruppen bestandenes, oft sanft abfallendes Land im Gegensatze zum grasbewachsenen, baumlosen, weitgedehnten Feld und dem mit dichtem hohem Baumwuchse bedeckten Walde. Das Charakteristische für den Wang liegt nicht etwa in der mehr ebenen oder gekrümmten Beschaffenheit seiner Fläche, sondern in seiner Vegetation mit niederen Kräutern, auch Binsen und Farnen, und dazwischen zerstreuten Gruppen von Ahorn, Birken, Hainbuchen, Apfelbäumen, Hasel ꝛc.

Der Begriff Wang kommt dem eines Baumgartens oder Parkes

entgegen und deshalb konnte Wulfila das Paradies im Gotischen mit waggs ausdrücken. Neben dem stn. wang (germ. vanga) erscheint in unsern O. N. auch ein stn. wangi (germ. vangja) mit derselben jedoch mehr kollektivischen*) Bedeutung. Es ist oft schwer zu sagen, ob in einem Ortsnamen das eine oder das andere vorliege, doch ist es wohl sicher, daß in Formen wie Wisuntwangas Wisindanga Graff, Amarwanga etc. das stn. wang zu Grunde liege, während in Wangiu und überall, wo ein Umlaut eingetreten ist, wie in Wengi, Elsenweng das stn. wangi vorausgesetzt werden muß.

Unter den folgenden Compositis enthalten 3 die Bezeichnung der Vegetation, 2 sind mit dem possessivischen Genitiv eines Personen-Namens gebildet, 2 enthalten den Dativ eines Beiwortes, doch nicht ganz sicher.

Amarwanga zu ahd. amar mhd. amer stm. Sommerdinkel, Spelt.
Pirchnawauch zu ahd. birchîn. adj. birken.
Ellesnawane zu einem ahd. ellesn stf. prunus padus beziehungs= weise dem Adj. ellesîn?
Nandiheswanch zu einem P. N. Nandih.
Spanswanch, älter Spanas — Fstm. zu einem P. N. Span, den ich aus Spangoza St. P. Spaniis, (=Spangis), Spaneldis, Spenneol Fstm. schließe, wahrscheinlich identisch mit ahd. Span stm. = Hispanus Graff.
Ponninwanch zu dem unter Pongauni gemuthmaßten Adj. pon offen, ausgebreitet, eben. Aber auch P. N. Pono Golbast II. a. 106. könnte in Betracht kommen.
Offinwanch zum ahd. Adj. offan apertus, lucidus, planus. Aber auch an den P. N. Offo Kr. Urkdb. 380. könnte gedacht werden.
Wangin A. VI. 5. Wengi N. XIV. 5. Weng am Wallersee.

Keinz erklärt wangiu als Instrumentalis, abhängig von der ausgelassenen deutschen Präposition az, wie az Waldin sich finde bei Meichel= beck Hist. Fris. II. N. 101. Darauf ist zu sagen, daß az nicht den Instrumentalis regiere und daß dieser Casus in einem O. N. überhaupt gar keinen Sinn habe. Beide vorangestellte Formen können überhaupt gar nicht zu wang, germ. vanga stm. gehören, welches der o Deklination zusteht und weder einen Casus auf i oder in kennt, noch auch Umlaut erfahren kann. Sie gehören vielmehr zum stn. wangi, welches Graff mit wengi, pulvillus, und duniwangi, tempus, die Schläfe belegt. Und

---

*) Ich denke an die Collektiva Gebirge, Gebllicke, Gewölbe stn. zu Berg, Busch, Wald. Das Collektivum Gemenge ist im inngauischen L. N. Tweng für Gweng belegt.

zwar werden sowohl wengi als wangin als Nom. Pl., und zwar wengi als jüngere, wangin als ältere Form desselben anzusprechen sein*).

Az Waldiu aber verhält sich ganz anders und ist regelrechter Lokativ Sing. des ahd. stm. wald, welches, wie Fick 3. lehrt, ursprünglich der u Declination angehört, die uns im ahd. einen Lokativ auf iu, vorgerm. eui, neben dem auf e, vorgerm. ui, wirklich gewährt.

Wels.

Wels N. XIV. 40. Wels in O.-Ö. Die älteste Form, welche ich kenne, ist ad Welas ao. 888. Kr. Urkdb. pag. 21. Die spätere Überschrift dieser Urkunde hat in Welas vel Wels. Schon ao. 1140 erscheint Wels ebenda pag. 39. und so weiter. Eine Form Welsa, welche das Kr. Urkdb. im Index ausweist, erscheint vor 1140 nicht. Sie ist jünger und beruht ohne Zweifel auf Latinisierung. Bei Fstm. ist noch die Form Weles gewährt.

Ich erwäge, ob Wels nicht Fl. N. sein kann. Wels liegt an den Wassern der Traun. Der Name müßte entweder auf die Traun an dortiger Stelle, — nach den Karten bildet sie daselbst mehrere Arme — oder auf einen Bach bei Wels gehen.

Ich stelle den Namen Welas zu germ. val winden, wälzen Fick 3., von welchem Stamme wir das Wort ahd. wella stf. die Welle (germ. vella=velna) besitzen, und konstruiere ein germ. velsa msc., woraus ahd. mit epenthetischem Vokale welas wird. Welas müßte der Nomin. Sing. eines stm. Substantivs sein und der Fluß, der Bach, der Strom oder ähnliches bedeuten**).

Frühere Ansicht ist, daß Wels aus dem Namen der römischen Station Ouilia Tab. Peut. richtiger Ovilavis Itin. Anton., welche bei Wels gesucht wird, geleitet sei. Eine gewiß unrichtige Aufstellung, da die Flexion is in Ovilavis im Deutschen unbedingt abfallen mußte, wie sie in Teriolis Tirol abgefallen ist, so daß Ovilavis heute ungefähr Ovilau, Ellau, aber sicher nicht Wels lauten würde.

Wila.

Uuila Nom. oder Dativ Sing. des ahd. hwîla stf. Zeit, Pause, Weile im Sinne von Ort der Weile, der Rast, Absteigequartier.

---

*) Lokative in O. N. von Präpositionen abhängig stehen auf die Frage Wo? Nominative aber, (vgl. die persönlichen Nom. Pl. Hrodheringas, Schildarias, Liuerings sowie die sächlichen felda, holza, husir etc.) stehen auf die Frage Wer oder was?

**) Vergleiche das in Beneckes mhd. Wörterbuch nachgewiesene wals stm. oder stn., dem die Bedeutung Woge zukommt. Es übersetzt das lat. aestus bei Albrecht von Halberstatt in der Stelle: (Ein Schiff) von wals und winde getrieben.

Winpouren.

Winpuoren N. XIV. 32. **Wimmern(?) bei Teisendorf.** Die Münchner Hs. gewährt Winpuren, die Salzburger Winpurch und eine Corruptel welches gleichfalls auf Winpurn hinausläuft. Die Quellen zur bair. und deutsch. Gesch. Bd. I. bieten aus dem Berchtesgadner Schenkungsbuche die Formen Wineburen und Wineburen, von welchen die erstere als Winebouren verstanden wird, da dasselbe Dokument auch Hvsen, Rudnic, Westhvsen, etc. schreibt, worin natürlich der Diphthong ou, keineswegs uo liegt, während es die uo gerade umgekehrt zumeist durch o darstellt.

Ich emendiere daher Keinz's Winpuoren in Winpouren in Übereinstimmung auch mit dem, was ich unter Buriom beigebracht habe, und erkläre den zweiten Theil des Wortes als Dativ Pl. des swm. poure, der Bauer.

Der erste Theil des Wortes gehört wohl nicht zu wîn stm. der Wein, denn das aus langem î resultierende ei könnte im heutigen O. N. nicht so ohne weiters einem kurzen i Platz gemacht haben, sondern, was auch die Form Wineburen schon wahrscheinlich macht, und von sachlicher Erwägung unterstützt wird, zu ahd. wini, mhd. wine stm. amicus, sodalis, Freund.

Die Winebouren sind also burones sodales, befreundete Bauern, sei es unter sich, sei es gegen einen dritten, was ich nicht näher untersuchen kann.

Zidlarn.

Zidlar Nom. Sing. oder verkürzt aus Zidlare Dativ Sing. und Zilarn verstümmelt aus Zidlarn Dat. Pl. des ahd. zidalari stm. opiarius, der Bienenzüchter oder Zeidler.

Anhang.
Emendation und Besprechung einiger Personalnamen.
Amandinus.

Amandus N. VIII. 14. presbyter. ist zu emendieren in Amandinus wie derselbe in A. VII. 8. heißt. Amandus ist durch Vernachlässigung eines Abkürzungsstriches fälschlich entstanden.

Der in St. P. 50, 26 von der Hand a eingetragene Amandinus presbyter, monachus, wird mit dem obigen identisch sein.

Ambrico.

Ambrao A. VIII. 8. Derselbe heißt N. VIII. 15. Embrich,

und schon Keinz hat demgemäß Ambrico emendiert, indem statt ı c fälschlich offenes a gelesen worden war. Der Name ist Ambr—ico, nicht etwa Amb—rico zu fassen. Er ist wohl identisch mit dem in St. P. 84, 29 von der Hand a eingetragenen Ambricho in der ord. comun. viror. defunctor.
Bertcaoz.
Bertcuoz A. VI. 15. Ist falsch, cuoz gibt es nicht. Es muß statt des u ein offenes a eingesetzt und gelesen werden Bertcaoz.
Patalungus.
Putulungus N. XV. 4. putul ist unwahrscheinlich, es könnte an deutsches nicht geknüpft werden. Ich emendiere in Patalungus, indem u statt offenes a gesetzt wurde, (genau wie in Kupulpach), dessen erster Theil in Padalolt Graff gegeben ist, während der zweite das bekannte Suffix ung ist. Patalungus also ganz wie Adalunch N.
Cissimo.
Cissimo nepos Tonazani A. VIII. 4, 5. und Zissimo monachus, A. VIII. 8. Wohl zwei verschiedene Personen, welche beide in N. III. 11—14 beziehungsweise N. VIII. 14. Dulcissimus heißen.

Zissimo ist sicher ein wahres, romanisches Hypokoristikon, durch Vernachläßigung der anlautenden Silbe in der Aussprache des Namens Dulzissimo entstanden. Ein ganz ähnliches Hypokoristikon ist Cencio monachus N. VIII. 13. identisch mit Cenzo monachus presbyter St. P. 49, 27 (Hand a), welches wohl aus Vincenzo gekürzt sein mag.
Cuffulus.
Cuffulus monachus A. VIII. 8. Derselbe findet sich in N. VIII. 14. Kouffolus presbyter und in St. P. zweimal und zwar Cuffulus presb. monach. 15. 7. in der ordo monach. defunct. vivor. und Cuffolo presb. monach. 52. 1. in der ordo monach. beidemale von der Hand a. Der Name scheint romanisch, gebildet, wie Dignolus, Santulus, III. Ursulus St. P. Das Etymon freilich ist mir dunkel, es kann verkürzt, wie Cissimo, und unlateinisch sein.

Kouffolus scheint falsch und misverständlich zu sein; wäre es eine ächte spätere Form des Namens, so müßte gefolgert werden 1) daß u in Cuff lang sei, 2) daß der Name bis ins 13. Jahrh. herauf gangbar geblieben sei.
Donazanus.
Tonazanus A. VII. 1 ff., Tonazan N. III. 1. ff., Tonazanus N.

VIII. 6. Aus dem romanischen Geschlechte zu Albina (Oberalm). Der Name führt auf einen romanischen Donazano b. i. Donatianus. Die Form Tanazanus ist natürlich falsch. Fstm. hatte den Namen noch für deutsch gehalten, was er nicht ist.

Identisch ist der in St. P. von der Hand a unter 82, 32 eingetragene Donazanus, vir communis.

Eigiolf.

Eigiolf A. VIII. 8. Derselbe heißt N. VIII. 15. Egilolf. Der voranstehende Name wird durch den St. P. 43, 9 von Hand a eingetragenen Eigolf in der ord. com. viror. vivor. religiosor. bestätigt. Das Egilolf der N. wird also eine misverständliche Korrektur sein, indem das zweite i für l gelesen wurde.

Eigiolf hat themat. i wie Chunialdus.

Heimo.

Eimo comis. A. VIII. 8. Heimo comes N. VIII. 15. N. hat hier das bessere bewahrt, denn Eimo ist verstümmelt und hat ein anlautendes h verloren.

Kerrad.

Gerhardus index laicus N. VIII. 15. Derselbe heißt in A. VIII. 8. Kerrad index.

In St. P. 89, 27 ordo commun. viror. defunct. Hand a ein Kaerrod.

Es ist zu vermuthen, daß dieser mit Kerrad des A. identisch sei, wonach Gerhardus der N. als falsche Lesung gefaßt werden muß.

Juuinianus.

Juuinan laicus A. VIII. 8. heißt N. VIII. 15. Jovinianus, der ebendaselbst vorhergehende Jubianus laicus aber in der zweiten Quelle Jubian.

In St. P. finden sich in der ordo commun. virorum defunctorum 88, 23 von der Hand a ein Juuinianus, welcher mit dem obigen identisch sein wird.

Juvianus und Jovianus sowie Juvinianus und Jovinianus sind gangbare Namen; auf Juvinianus wird Juuinan zurückgehen, wogegen bei Jubianus es mir unklar bleibt, ob es auf Juvianus zu deuten oder aus Juvinianus gekürzt und verstümmelt zu betrachten sei.

Ledin.

Ledi N. III. 1, 10, 11. Derselbe ist N. VIII. 6. Latinus genannt.

Er gehört dem romanischen Geschlechte an, welches zu Albina begütert ist und den Streit zwischen Virgil und Otilo verursacht. Wir kennen 6 Namen Angehöriger dieses Geschlechtes: Tonazanus, Urso, Latinus (Ledi), Warinhari, Cissimo, (Dulzissimus), Urso, wovon nur einer deutsch ist. Der Zusammenhang von Ledi und Latinus ist offenbar. Aber nicht Hypokoristikon kann Ledi sein, sondern nur Verstümmelung. Der Mann wird Ladino geheißen haben, mit romanischer Erweichung des t zu d und Ledi wird darauf zurückgehen und zunächst sicher in Ledin zu emenbieren sein, welche Form aus Ladino umgelautet und gekürzt ist.

Der Name Ladinno begegnet neben 4 Latinus und einer Latina in St. P. zweimal. Ich weiß nicht, ob der unter 11, 18 von der Hand g eingetragene mit dem obigen identificiert werden darf.

Verdopplung des n hat nichts zu sagen, dieselbe findet sich auch in Marceljnno St. P. statt Marcelinus.

Genau denselben Verlust von n wie in Ledi(n) haben wir auch im O. N. Louffi(n).

Lezzo.

Lezzo monachus, A VIII. 8. wird von den Salzburger Historikern mit Latinus monachus N. VIII. 14. identificiert. Mit Unrecht. Lezzo soll Hypokoristikon von Latinus sein. Davon ist gar keine Rede. Es sind verschiedene Personen. Der erstere ist in St. P. zweimal eingetragen. Erstens in der ord. monach. vivor. 15, 13 als Lezzio monach. von der Hand a, zweitens als Leczio monachus von der Hand b in der ord. monach. defunct. 51, 15. Ebenso der zweite in 15, 17 Latinus presbyt. monach. Hand a. (vivus) und 52, 14 Latinus p. m. Hand a (defunctus). Der Name Lezzio ist deutsch.

Machelm.

Machel et frater ejus Wenil illustres viri. N. XIV. 43. So liest die Münchner-Handschrift, während die Salzburger Michel darbietet. Keinz vergleicht zu Machel den Machelm des Urkbb. des Landes o. b. E. I., welcher in derselben Gegend, die in der obigen Stelle genannt ist, als Schenker erscheint. Selbstverständlich ist Machel zu emenbieren in Machelm. Er wird mit dem N. XIV. 25. genannten Machalm, vir nobilis identisch sein.

Materninus.

Maternus (filiolus beati senis Chunialdi presbyteri?) N. VIII. 13. als Zeuge im Streite Virgils mit Otilo. Derselbe ist in A. VIII. 8. als Zeuge Materninus monachus genannt. Es leidet keinen Zweifel, daß Materninus die ächte Form sei, aus welcher Maternus etwa durch Auslaßung des Abkürzungsstriches korrumpiert ist.

Identisch ist der in St. P. 15, 10 von der Hand b eingetragene Materninus monachus.

Scinin.

Johannes scinin N. VIII. 15. Zeuge in Virgils Instrument. Vorhergeht ein item Johannes (item, weil schon zuvor ein Johannes in der Zeugenreihe erscheint. Ebenso sind zum Schluße ein item Ruodhoh, item Anno angeführt, denen ebenfalls schon ein Anno und Ruodhoh unter den vorangezählten gegenüberstehen). Der Schreiber setzte wie Keinz anmerkt, Johannes scinin, nicht Johannes Scinin, scheint also mittelst des Beinamens d i e s e n Johannes von den früheren zu unterscheiden. Ich kann nicht entscheiden, ob Scinin ein selbstständiger Zeuge oder Beiname des zweiten Johannes sei, muß aber bemerken, daß Scinin b. i. Skinin ein vollständig richtig gebildeter P. N. sei, gebildet wie Hruodin ꝛc. und zum ahd. Adjektiv scîn splendens, oder scîn stm. lux, jubar gehörig, als Appellativ aber ein Adj. auf in mit der Bedeutung splendidus, lucidus, clarus. Keinz vergleicht den Skinus in St. P., welcher in der That stimmte, wenn wir aus Skininus verkürzt sein ließen. Da aber dieser Scinus ein Mönch des Klosters Mosaburg ist, welches erst in der Mitte des 9ten Jahrhunderts gegründet wird, so hebt sich natürlich die Identificierung mit dem Scinin des 8ten Jahrhunderts von selbst.

Wolfliuz.

Wolfuliz N. XXIV. 2. Ist zu emenbieren in Wolfliuz, denn die Zeichengruppe hu wurde fälschlich uh gelesen.

So stimmt der Name zu Wolfleoz St. P. sicherlich auch in der Person.

Warinhari.

Wurmhari A. VIII. 4 und 5. Derselbe wird in N. III. 11. ff. Wernharius genannt. Natürlich ist Wurmhari falsch und muß in Warinhari emenbiert werden. Offenes a wurde nemlich falsch für u und die Zeichengruppe in für m gelesen.

Stimmt wohl zu dem in St. P. 127, 29 von der Hand q eingetragenen Werinherus monachus.

Druckberichtigung.

Man lese:
S. 15 Z. 1 v. u. als Note zur Z. 16 derselben Seite.
S. 24 Z. 9 v. o. Purgunes—scerin statt Purgunes—scerini.
S. 24 Z. 13 v. o. Adaluni statt Adalun.
S. 26 Z. 9 v. o. Cofstein statt Coafstein.
S. 48 Z. 3 v. o. Chieminge lacus statt Chieminge, lacus.
S. 50 Z. 6 v. u. „den O. R." statt „dem O. R."
S. 63 Z. 15 v. u. „rechtlich eingeantwortet" statt „rechtlich, eingeantwortet.